PAISAJES
PINTA POR NÚMEROS

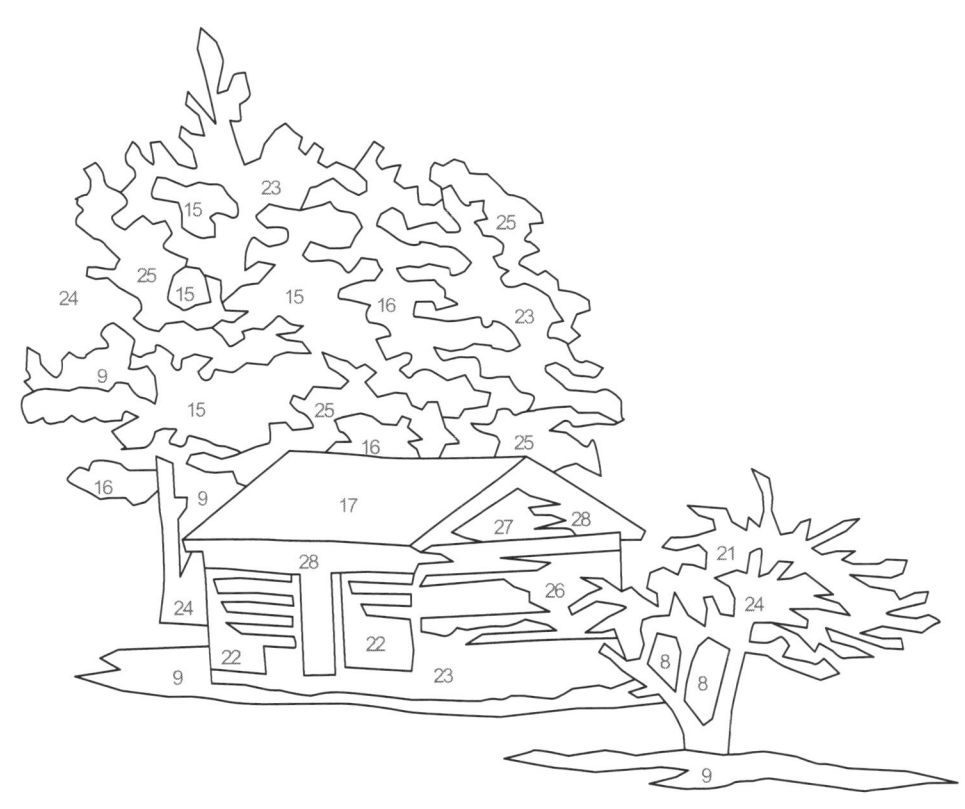

David Woodroffe

HISPANO
EUROPEA

Título de la edición original: Landscapes - Painting by numbers

Copyright © Arcturus Holdings Limited
26/27 Bickels Yard, 151–153 Bermondsey Street,
London SE1 3HA

© de la edición en castellano, 2023:
Editorial Hispano Europea, S. A.
E-mail: hispanoeuropea@hispanoeuropea.com

Depósito Legal: B 8522-2023
ISBN: 978-84-255-2159-1

Consulte nuestra web:
www.hispanoeuropea.com

Impreso en España

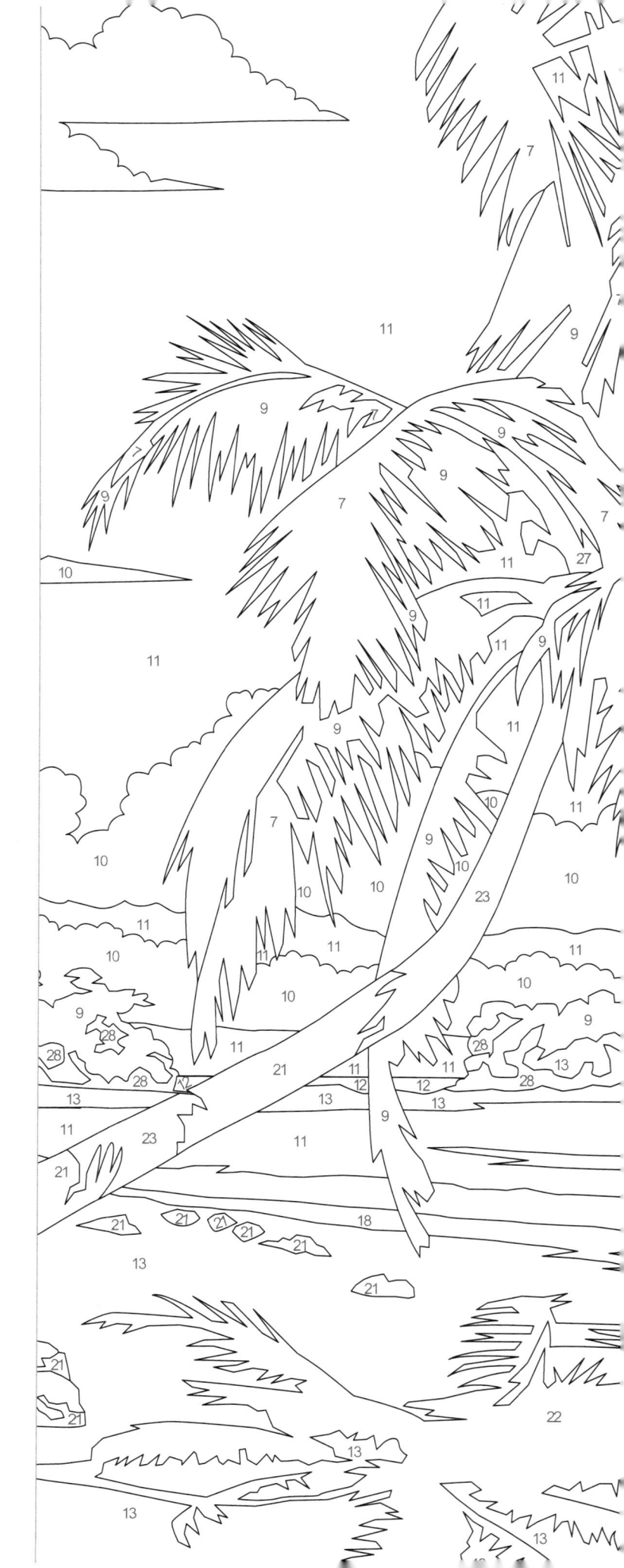

Introducción

Ya sea un puente japonés en un jardín bien cuidado, o un faro sobre un afloramiento rocoso, o gansos migratorios volando a través de un bosque nórdico: hay una gran variedad de paisajes para explorar en este libro para pintar por números. Escenas reconfortantes como un prado de flores o una iglesia vista a través de un campo abierto contrastan con un caminante en un camino de montaña escarpado y palmeras que se balancean en un paisaje tropical. Todo debería inspirarte para explorar tu técnica de pintura y perfeccionarla para crear una hermosa obra de arte terminada.

Pintar por números es una excelente manera de comenzar a ejercitar tus talentos artísticos y ganar confianza en el uso de la pintura, así como una comprensión de cómo se construye una obra de arte. Las ilustraciones están impresas en papel de alto gramaje, adecuado para una gama de diferentes tipos de pinturas.

Cada imagen está completamente numerada para que puedas crear una obra de arte maravillosa. Usando la clave que verás en la solapa interior, haz coincidir tus pinturas con los tonos de la clave. Si en un espacio no hay un número, significa que debe dejarse en blanco o rellenarse con pintura blanca. Pintar estas imágenes, especialmente las escenas más complejas, requerirá tiempo y paciencia, pero será muy gratificante ver cómo toman forma y se convierten en una preciosa obra.

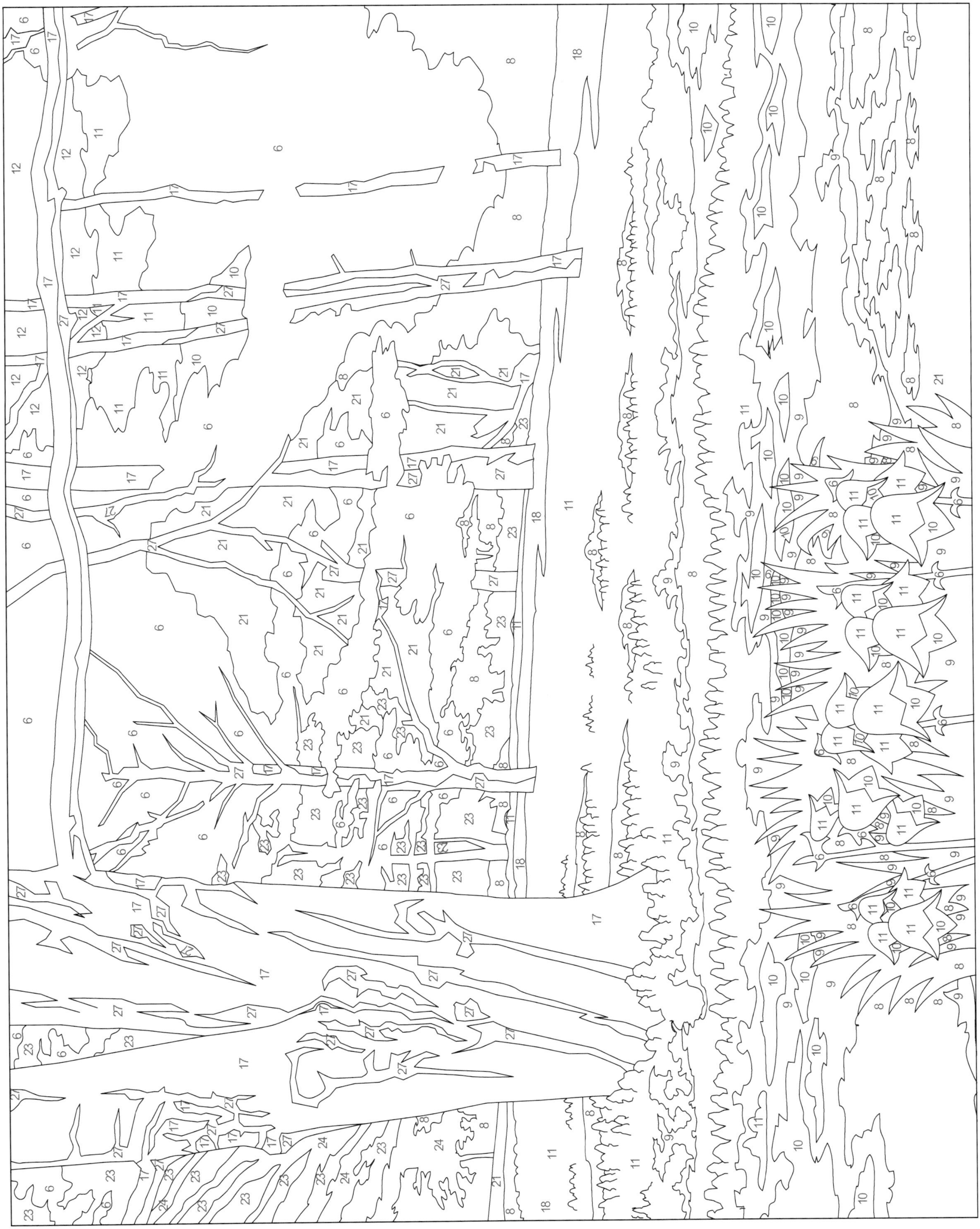

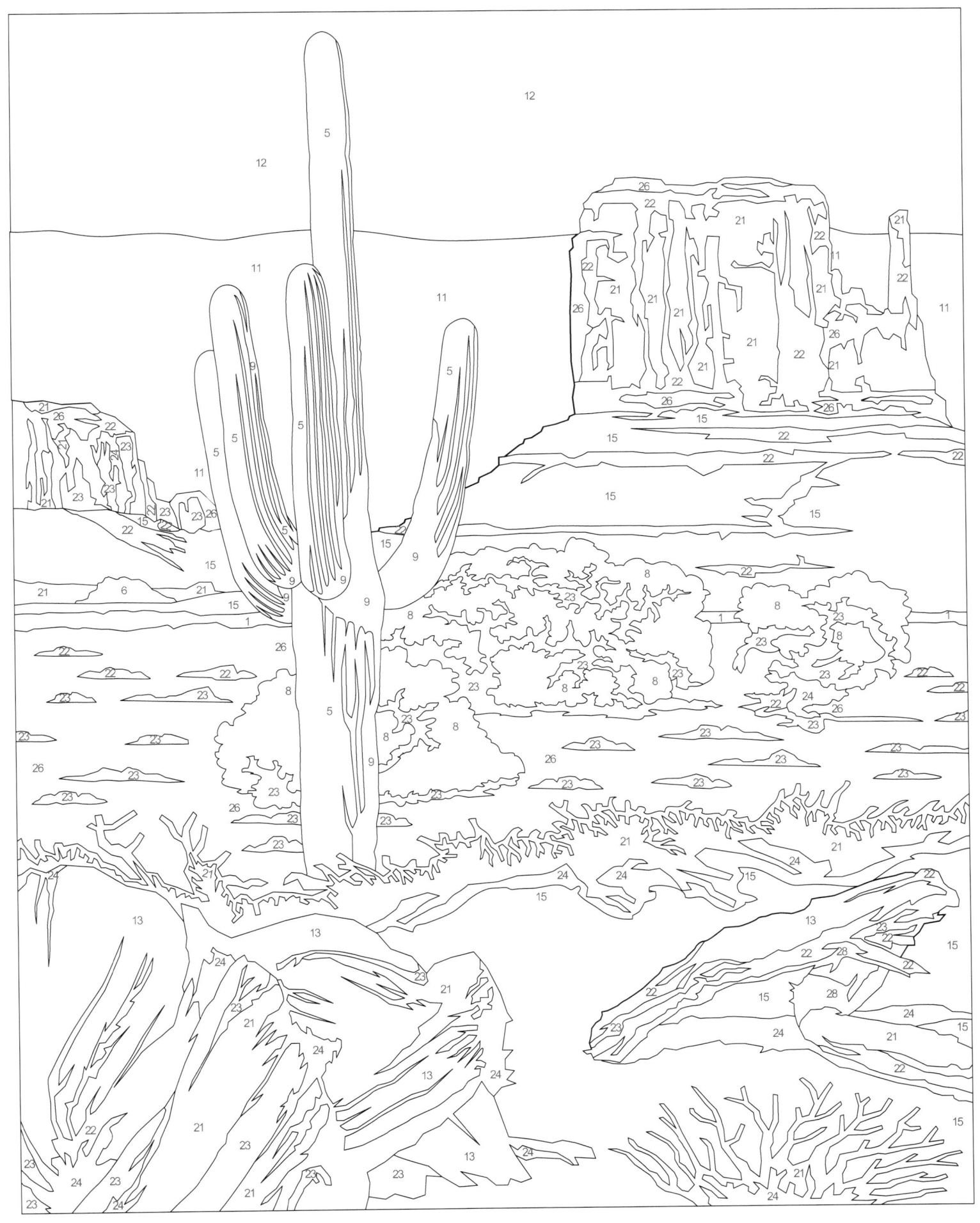

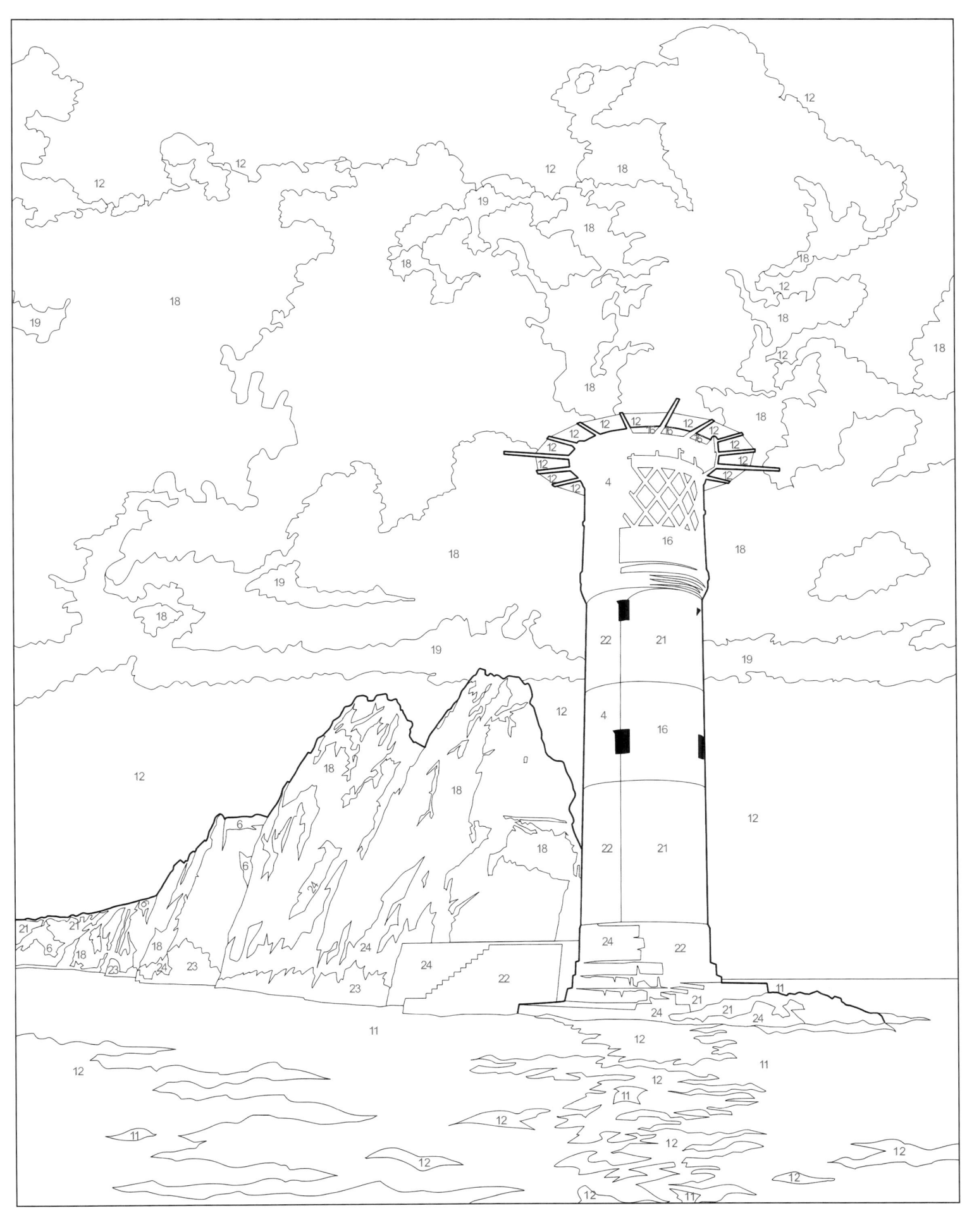

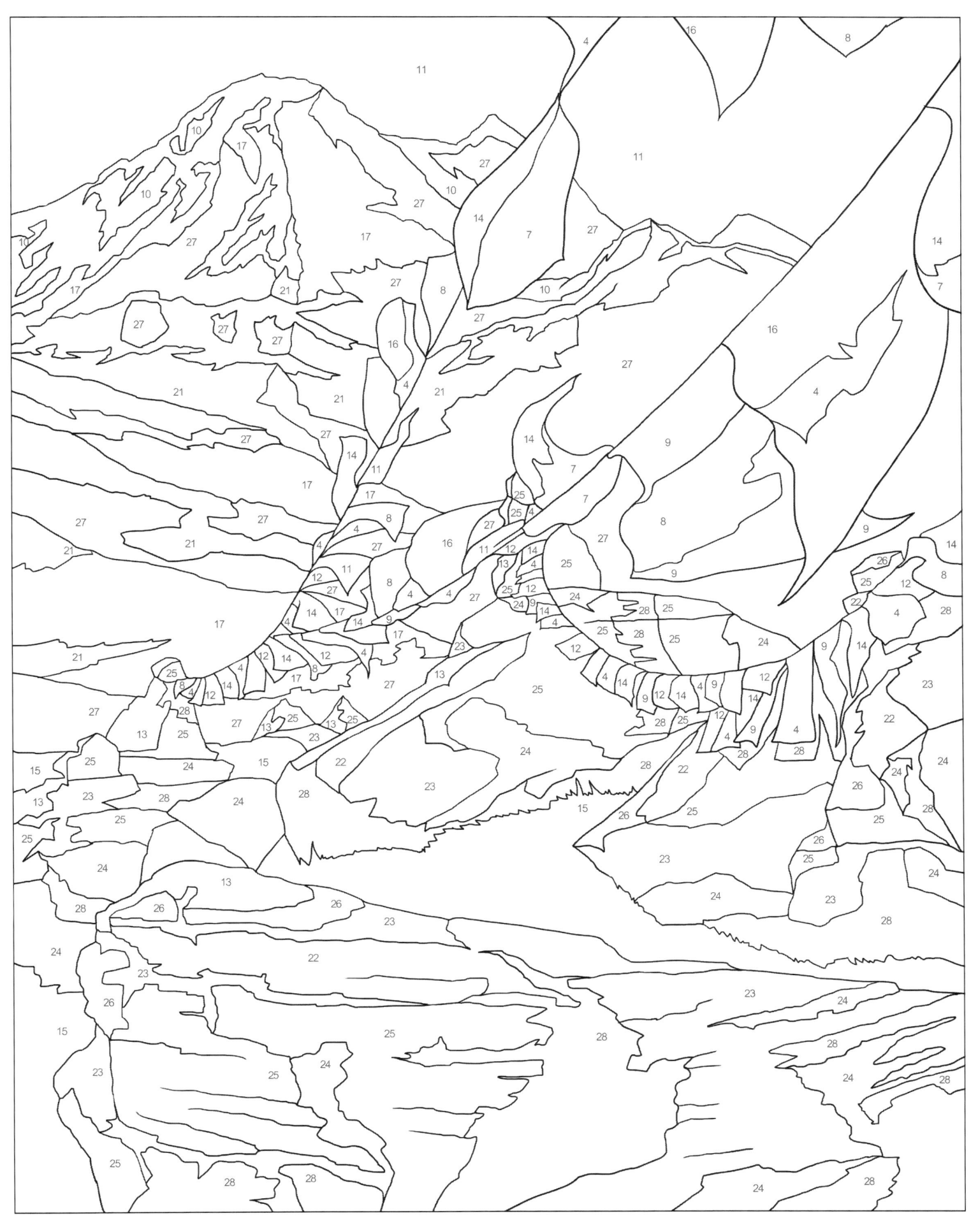

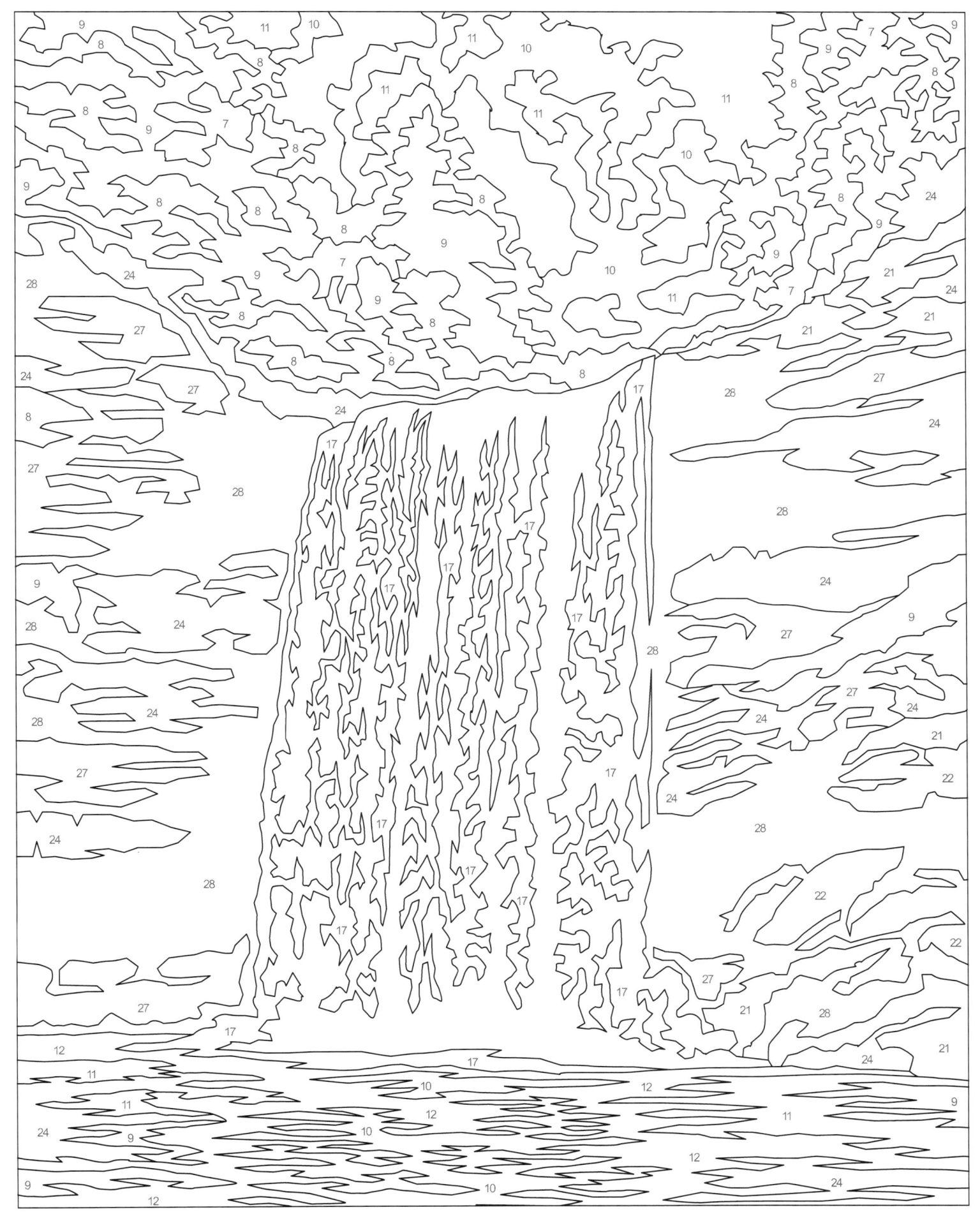

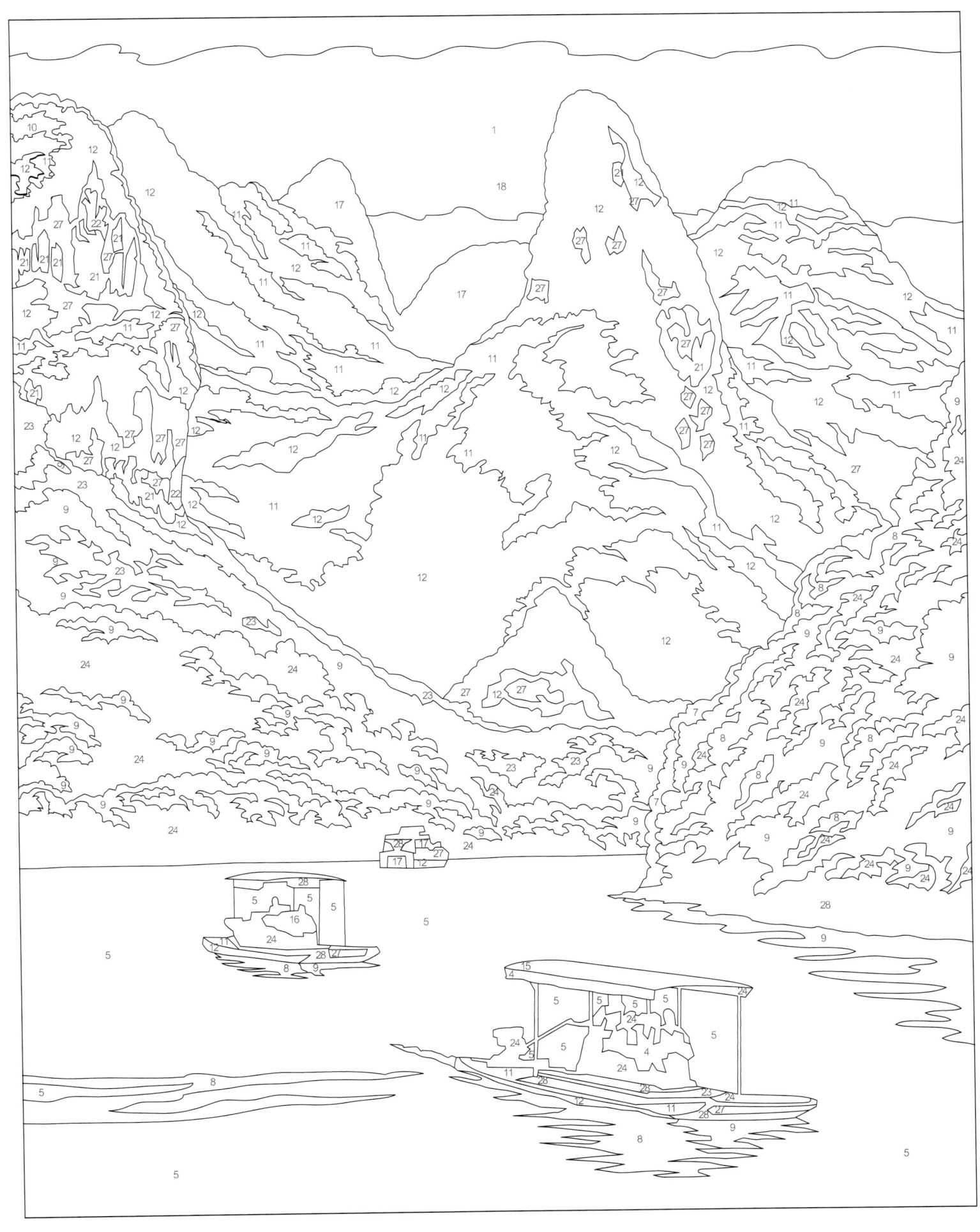

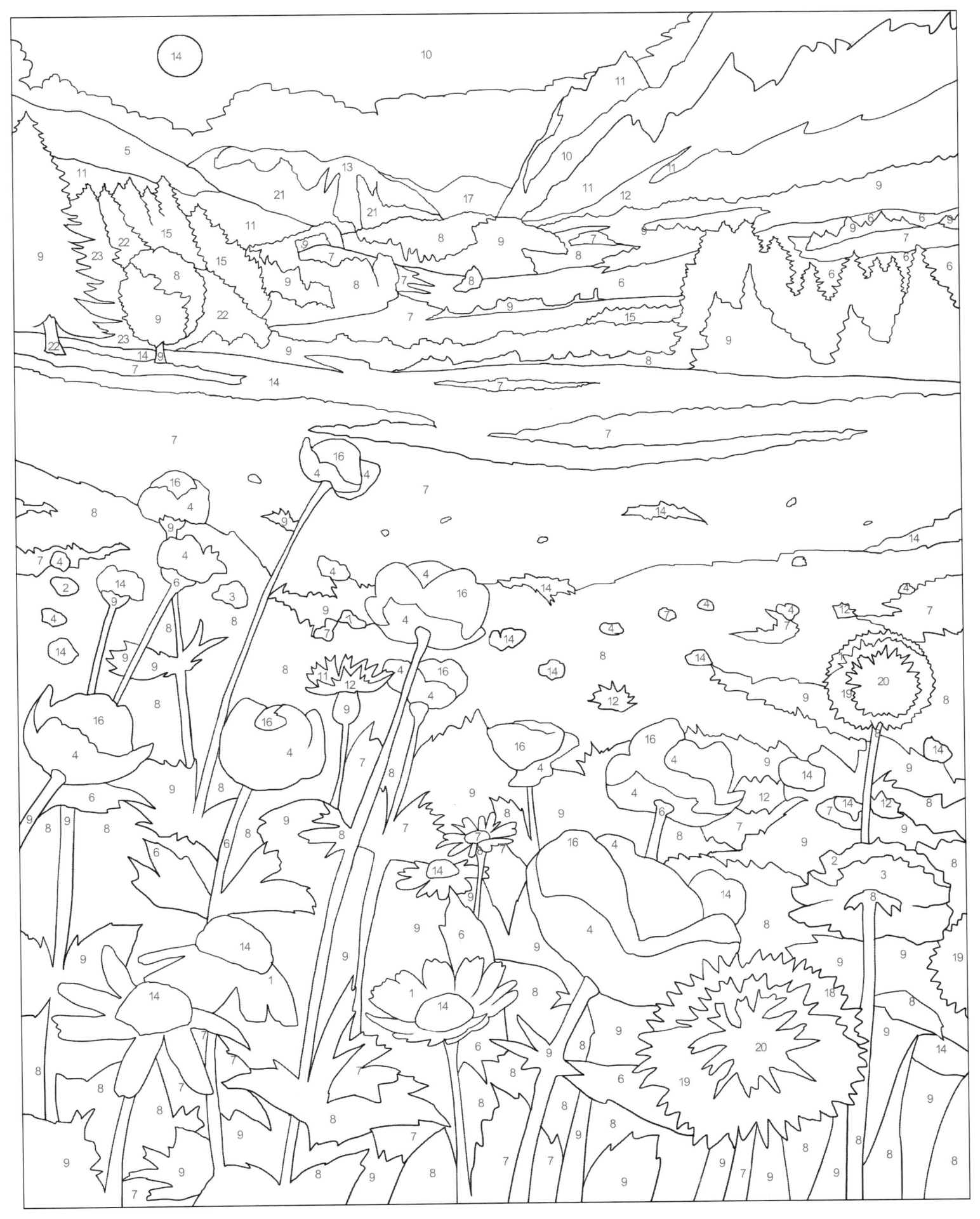

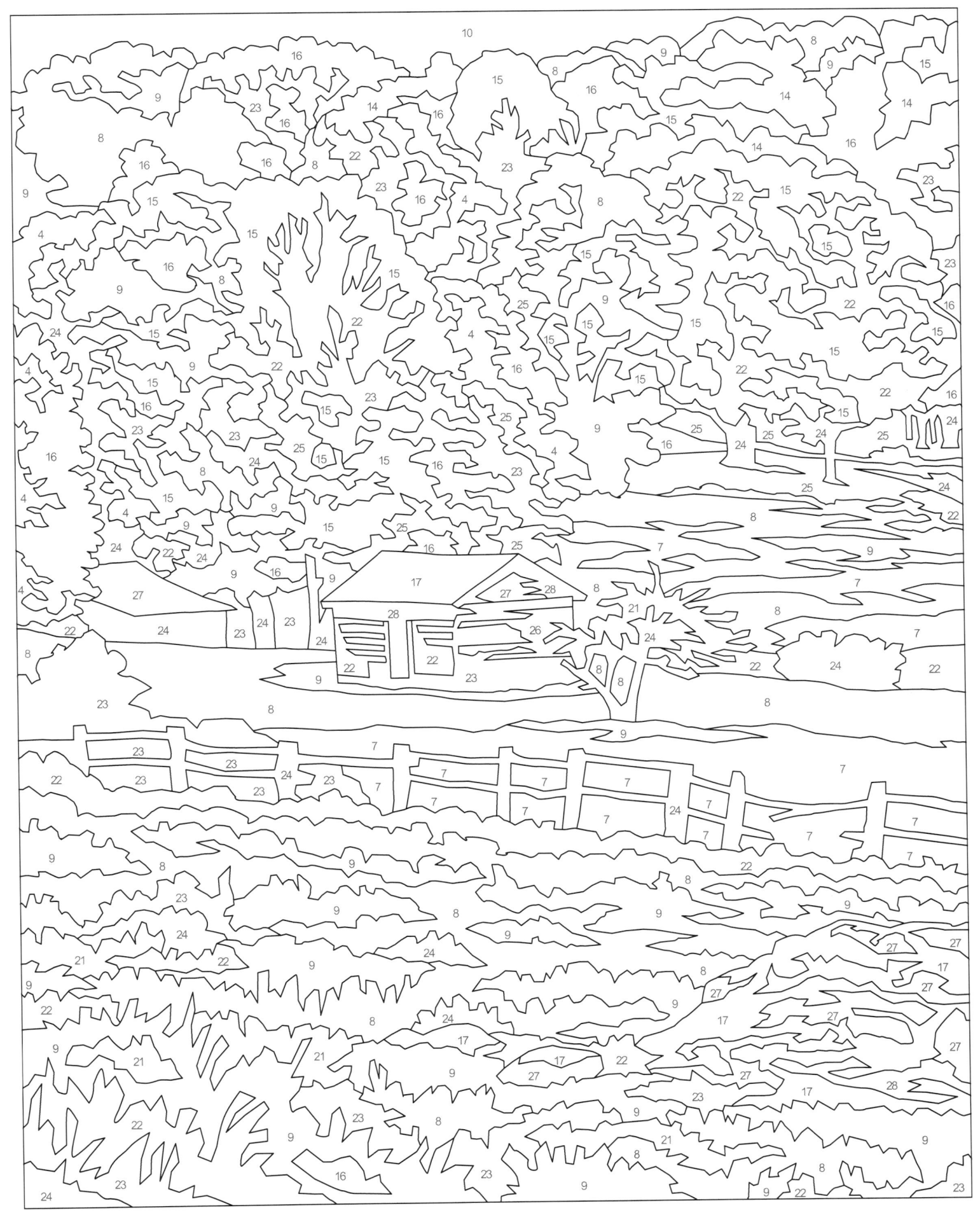

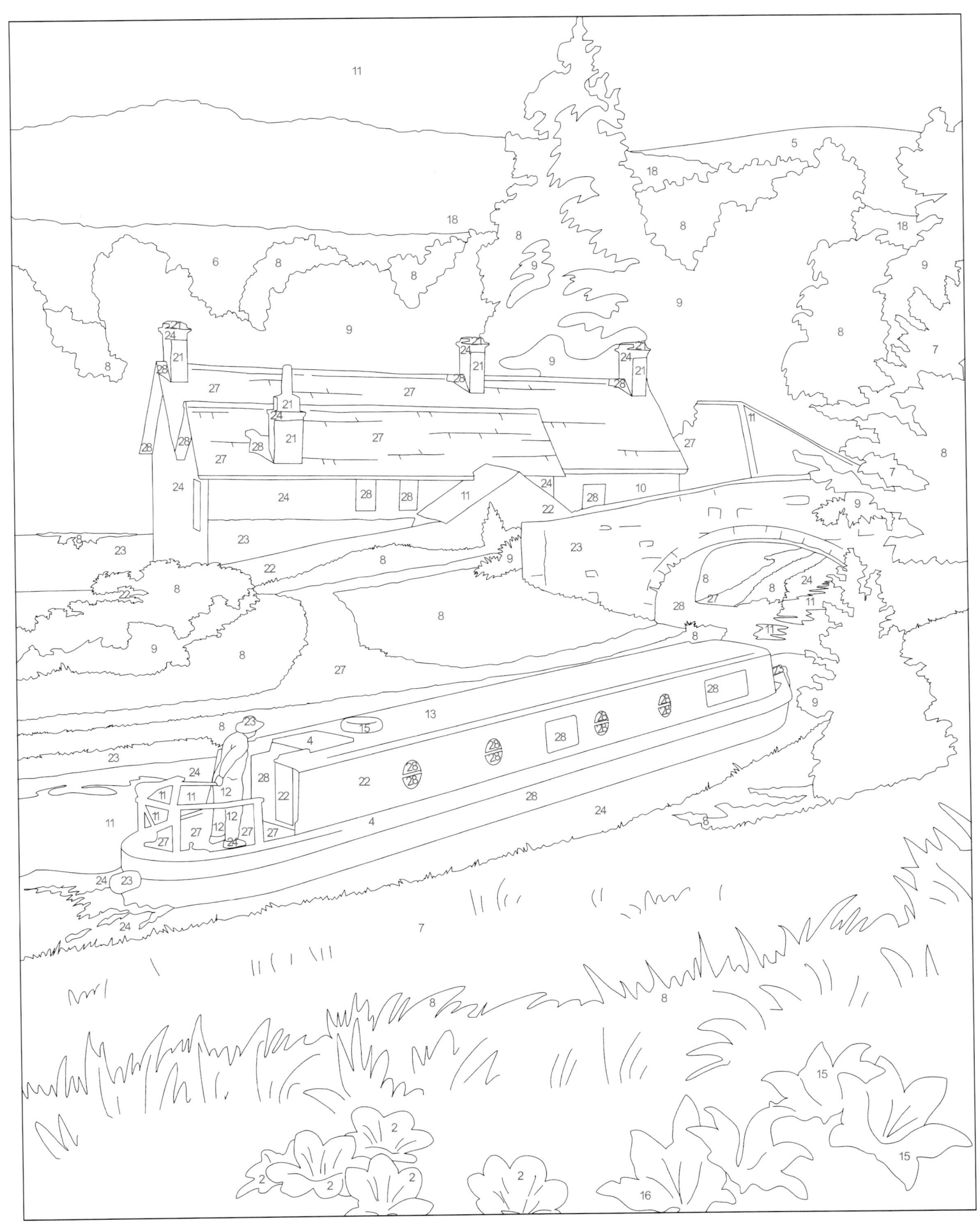

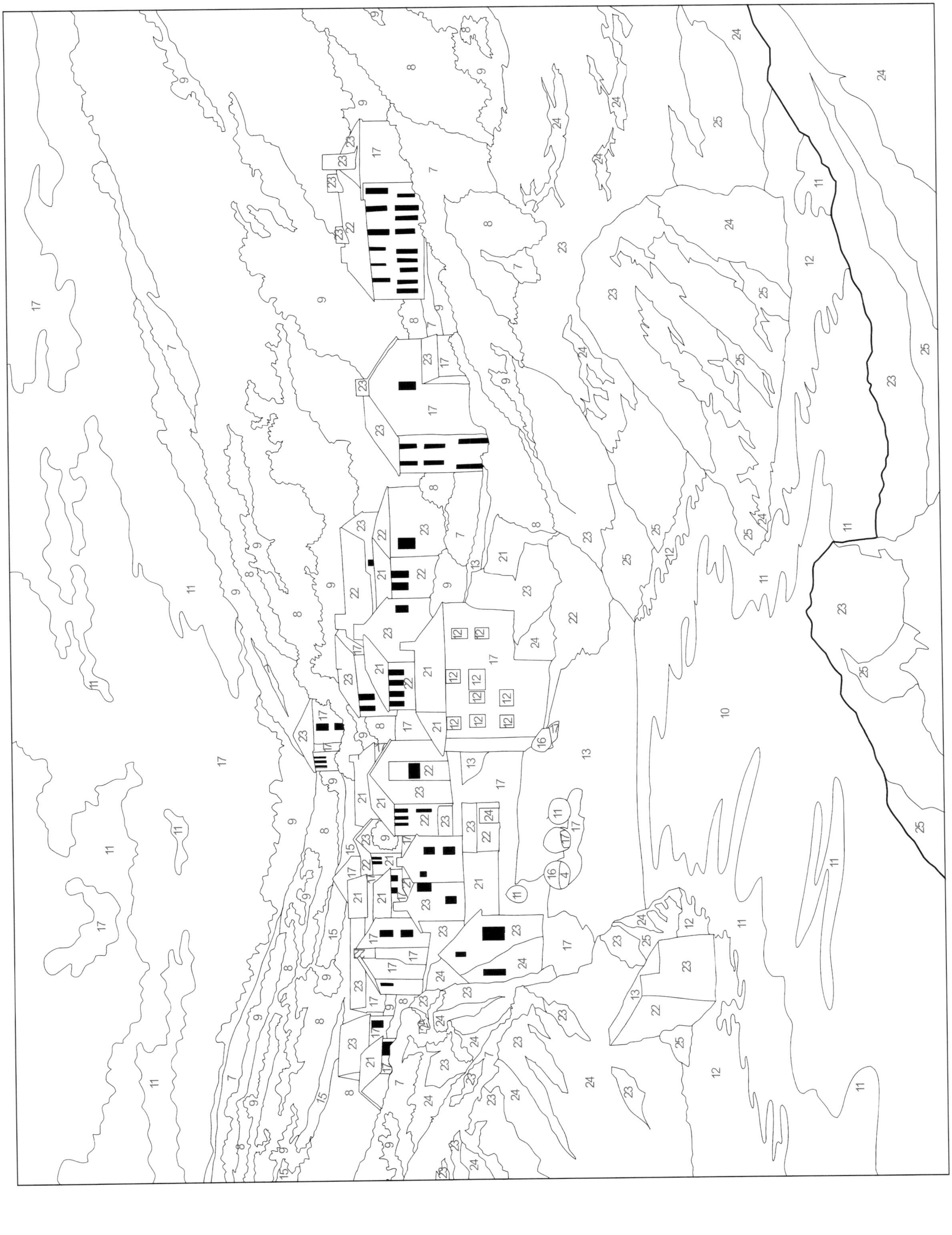

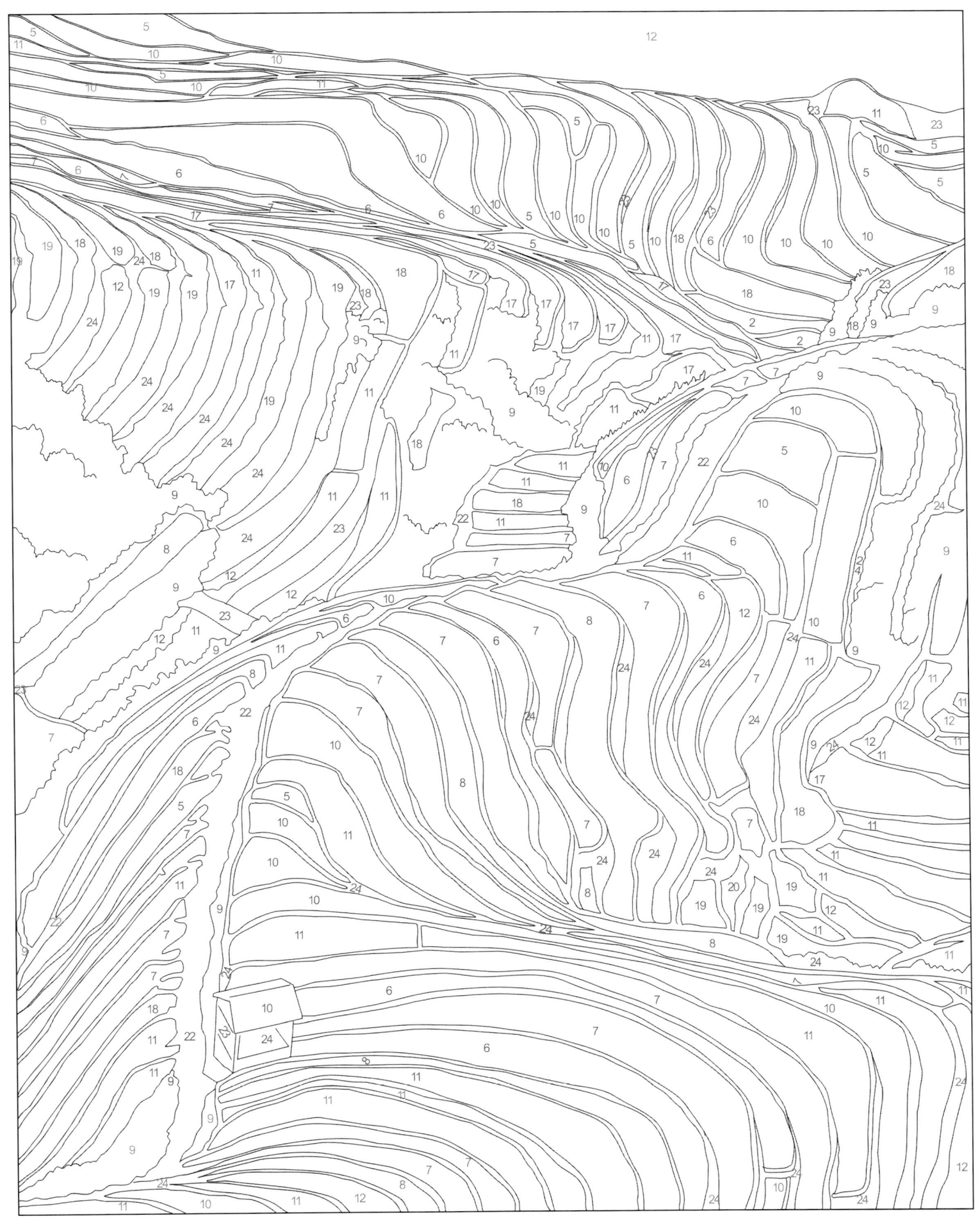

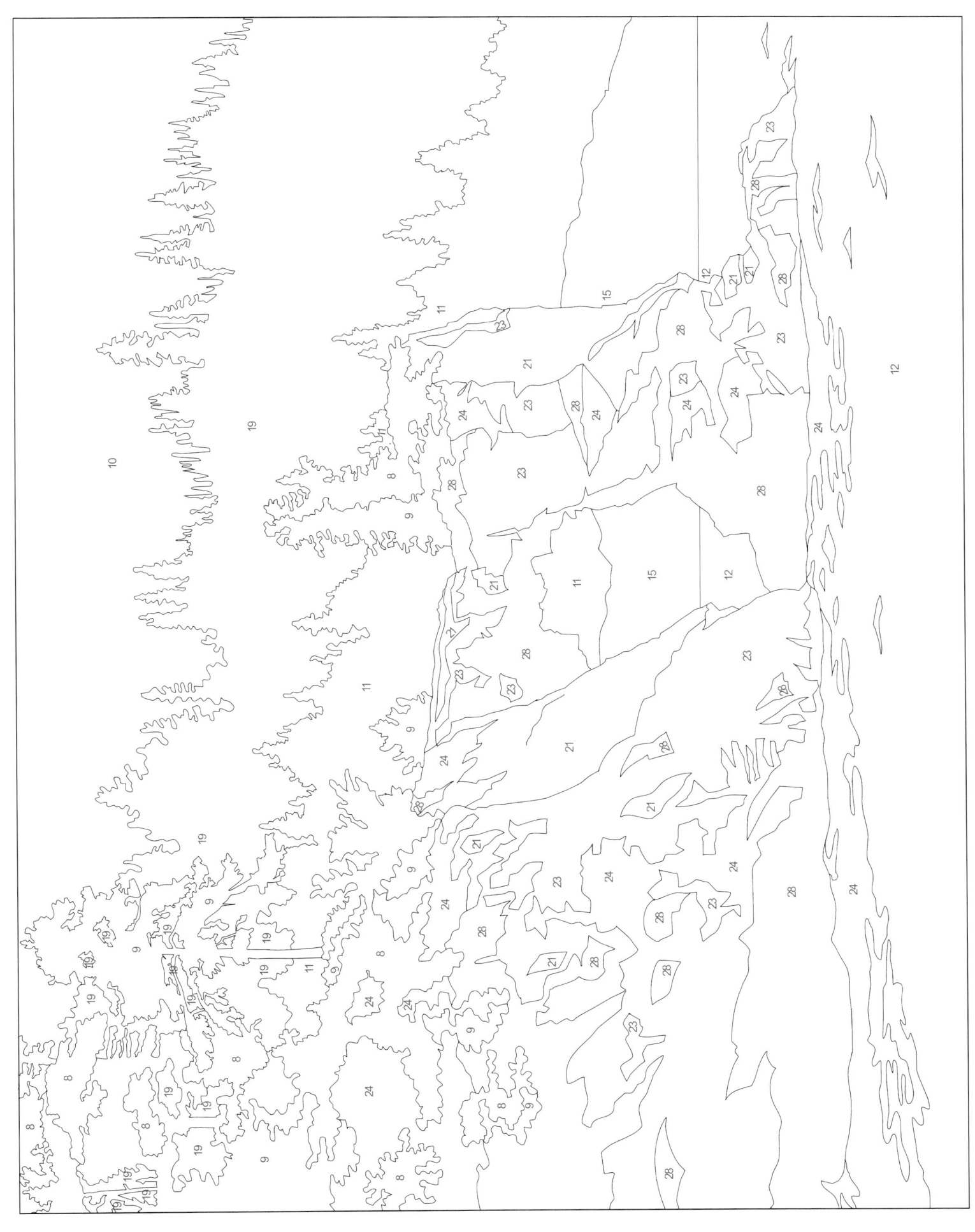

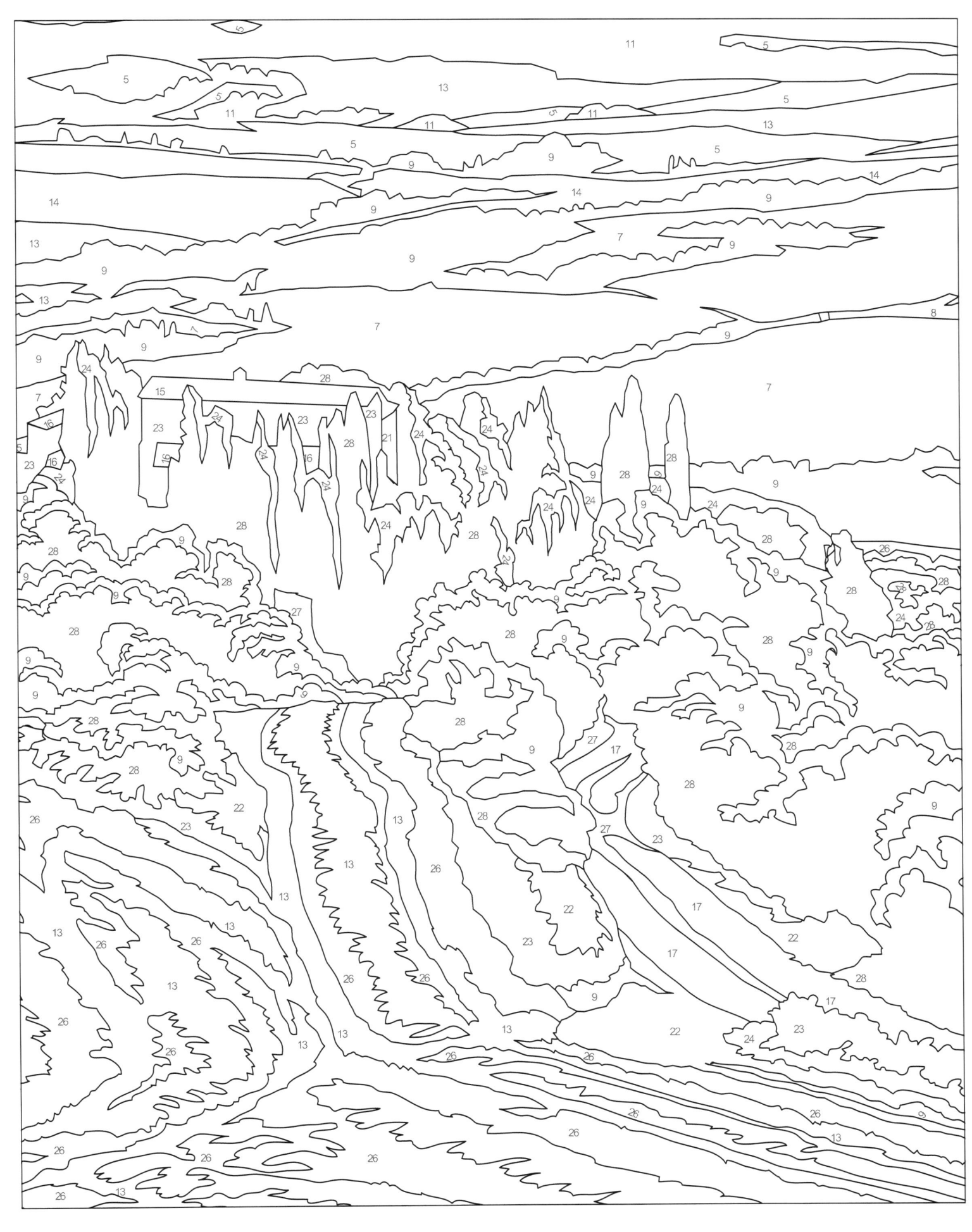

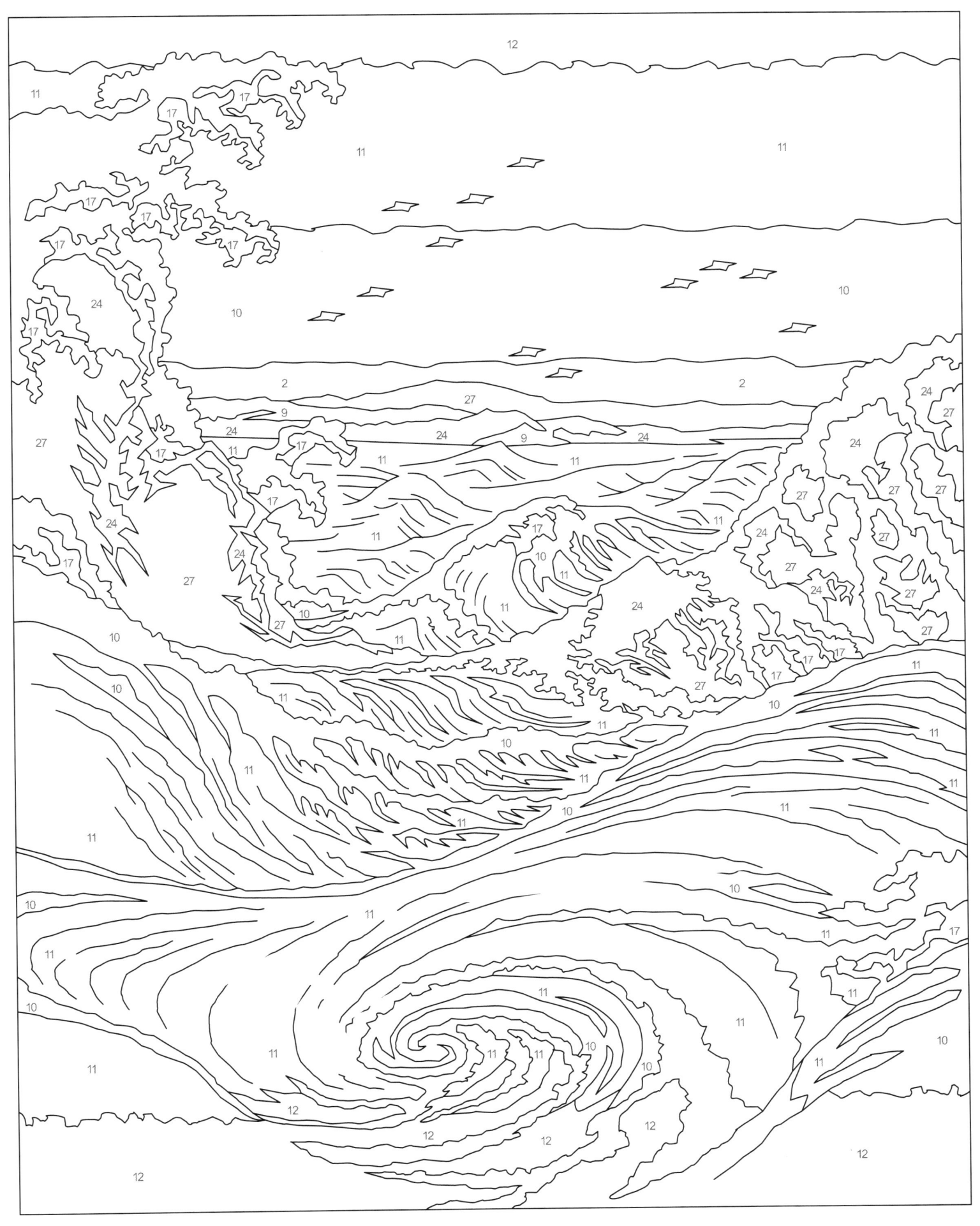

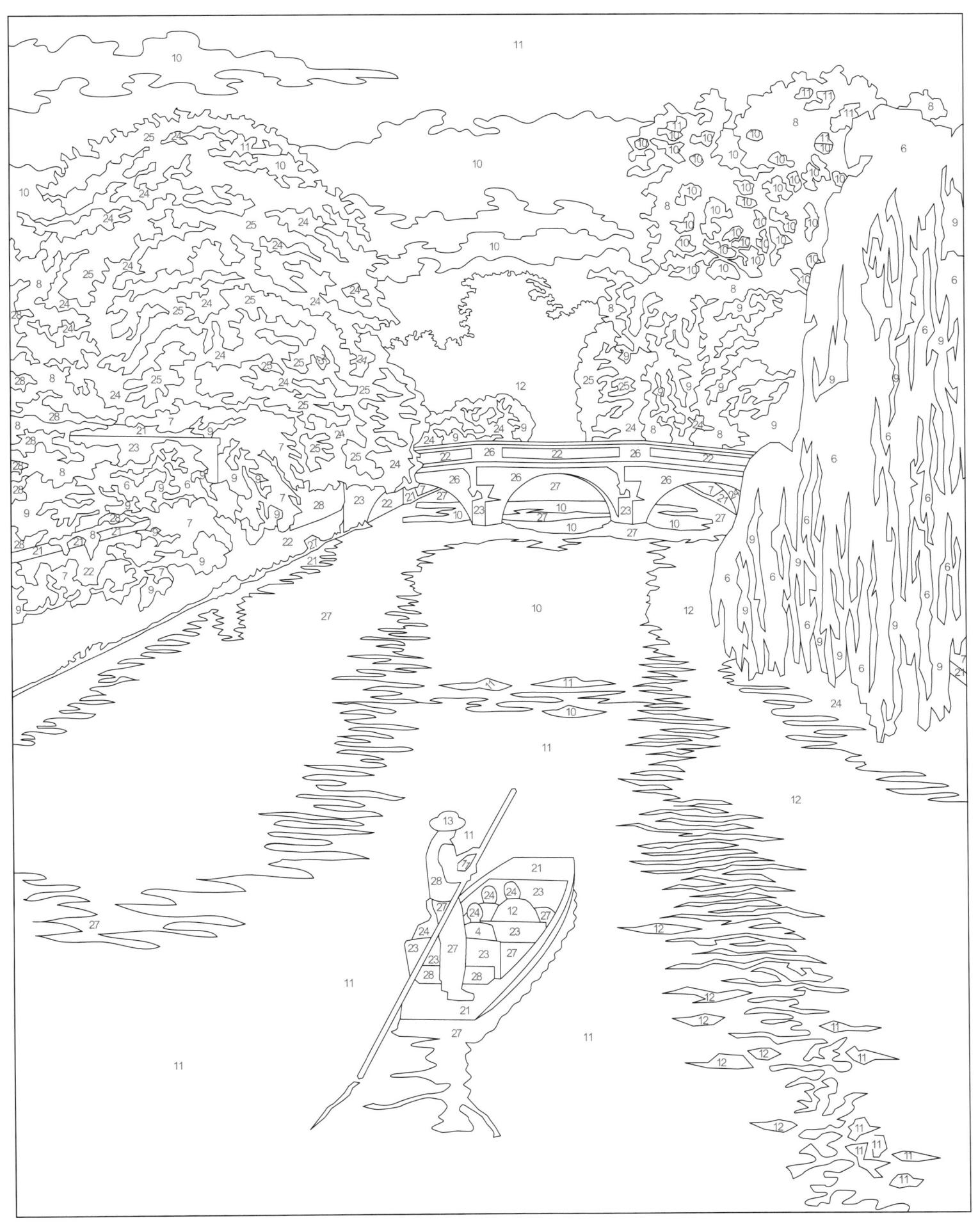

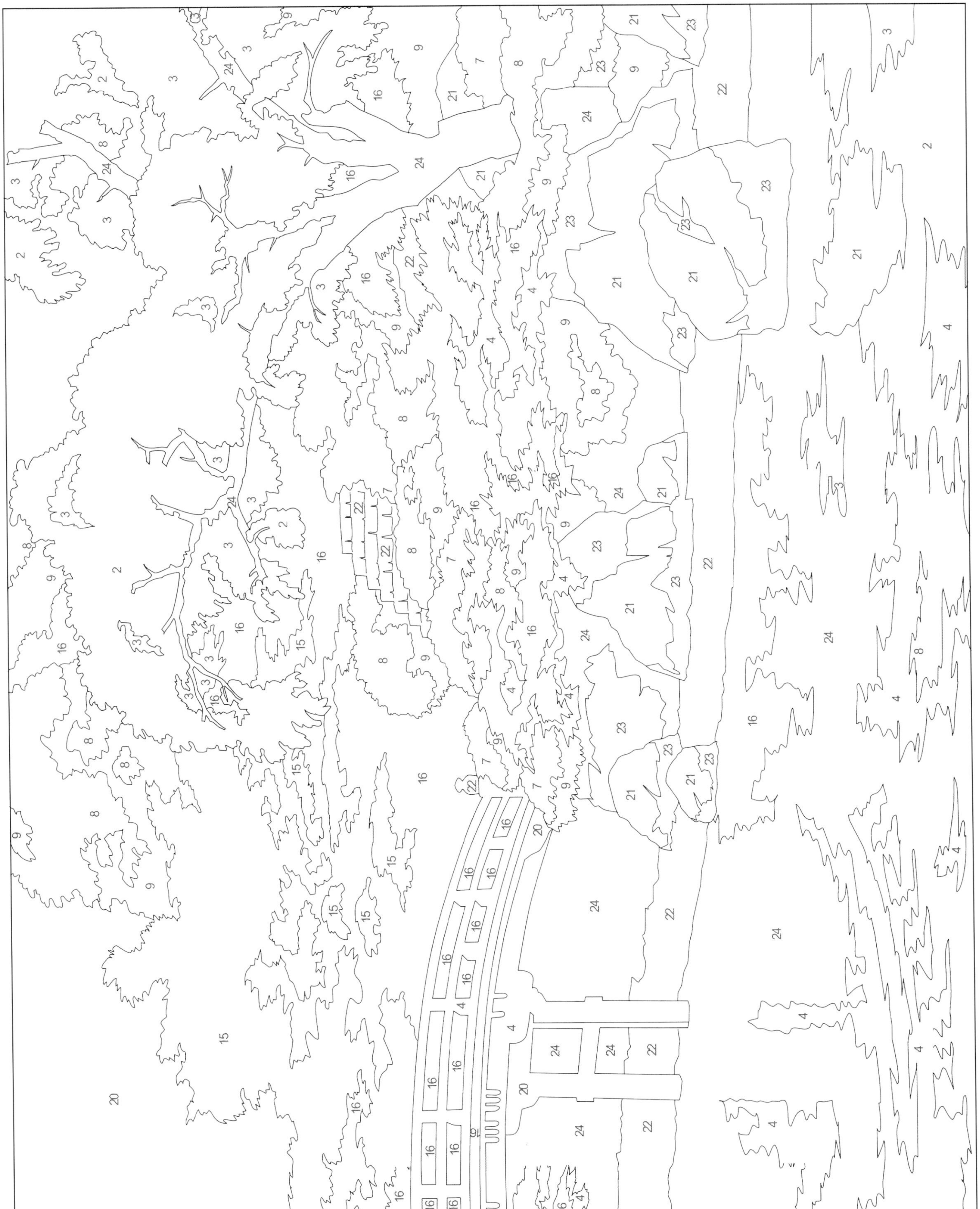

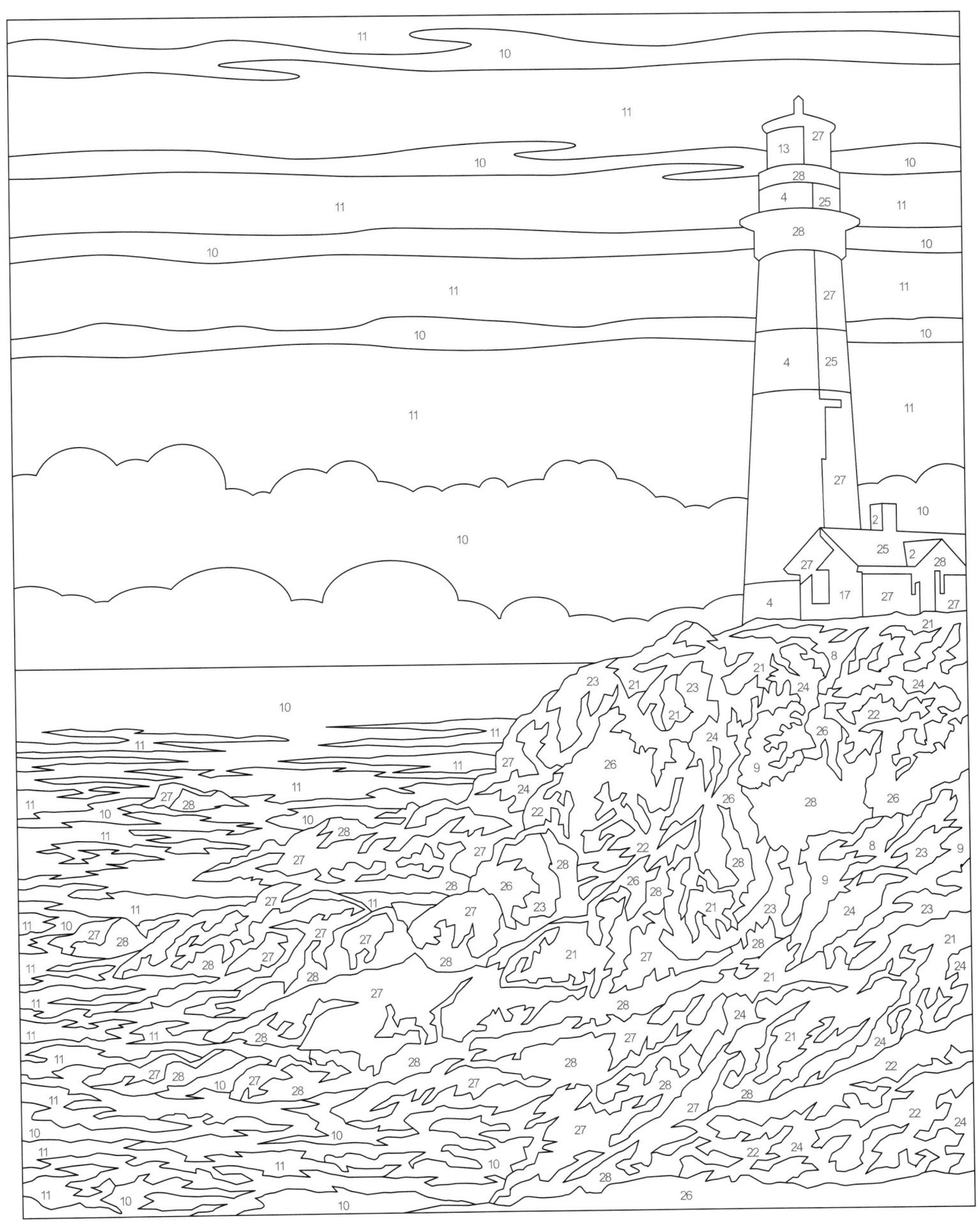

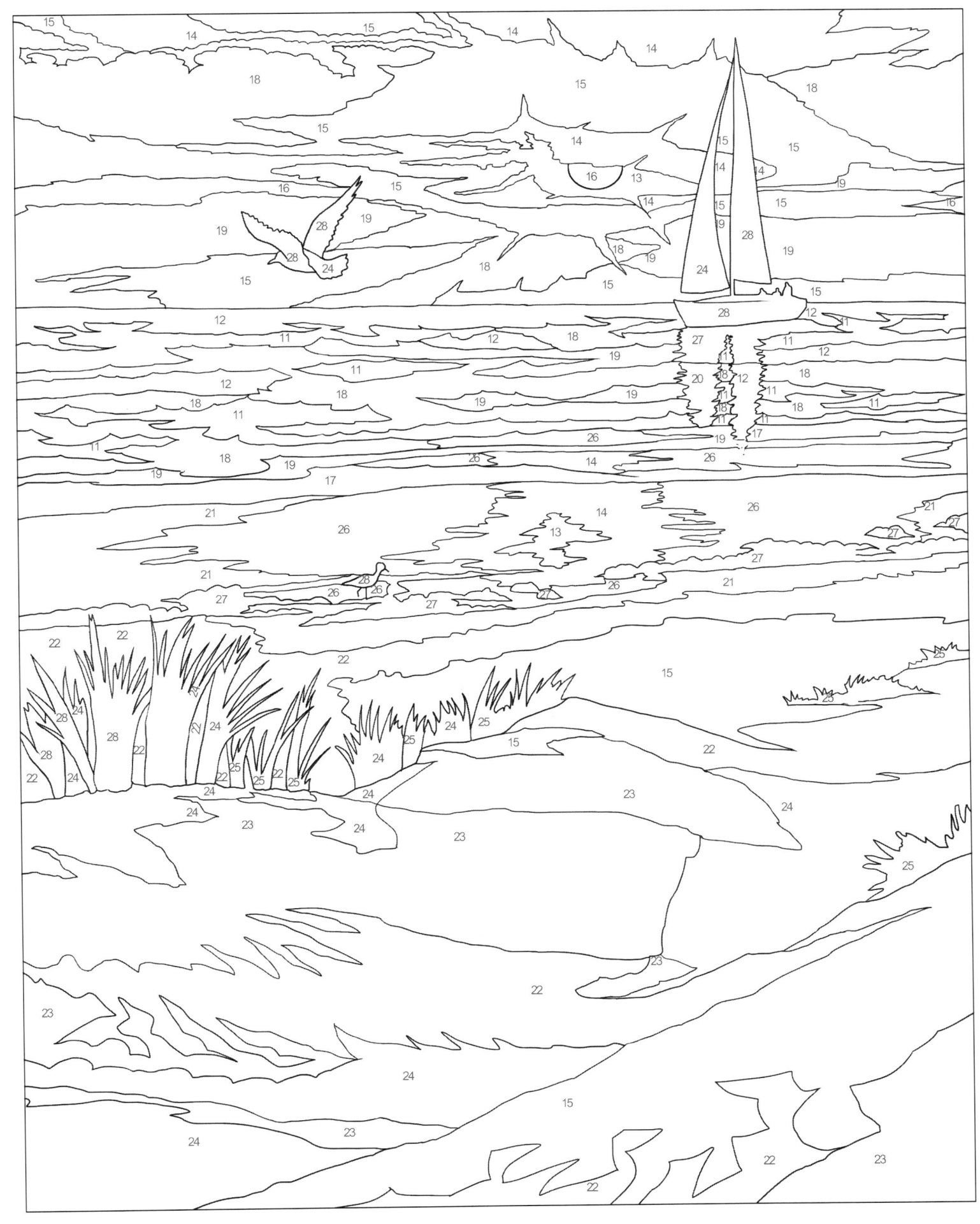

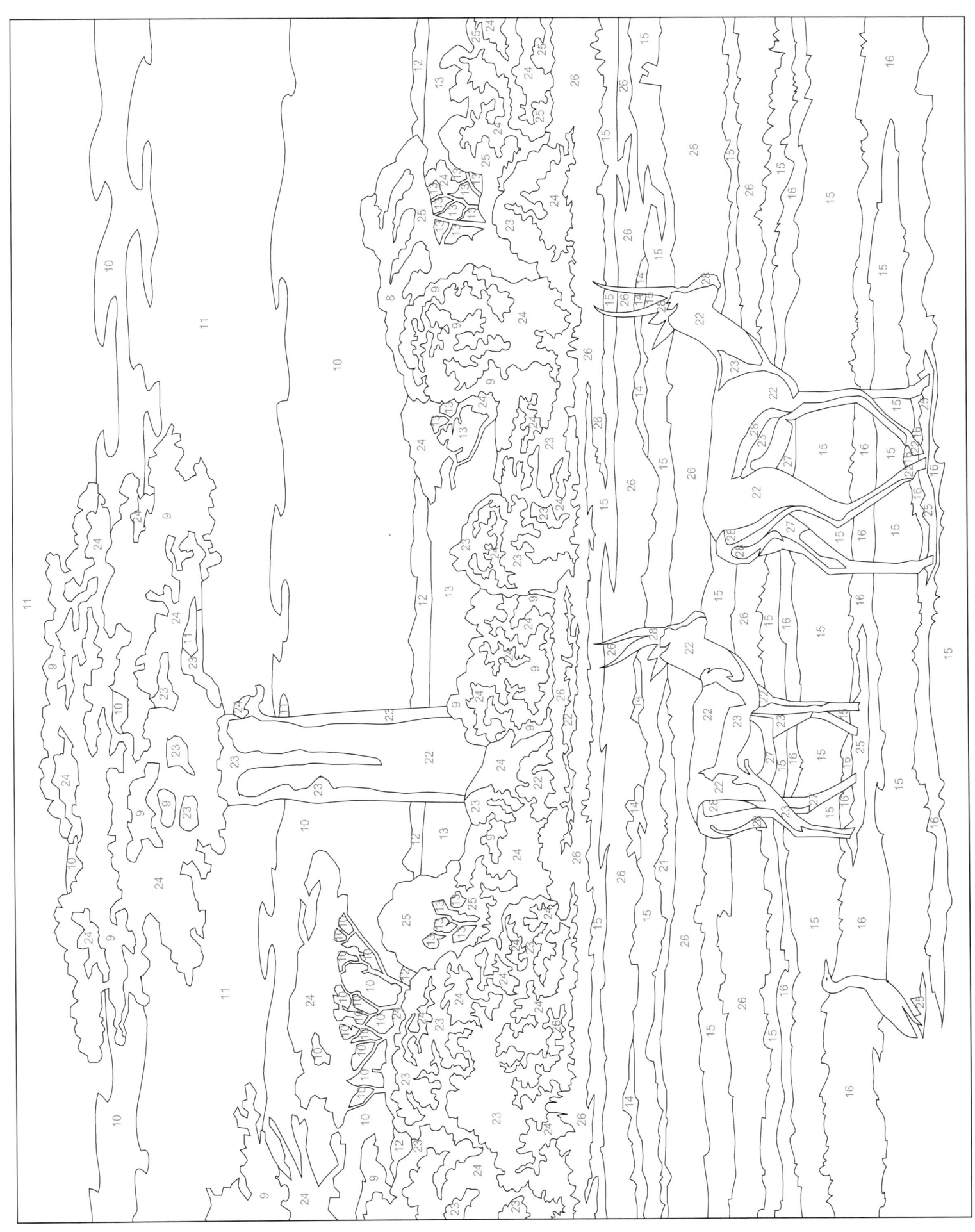

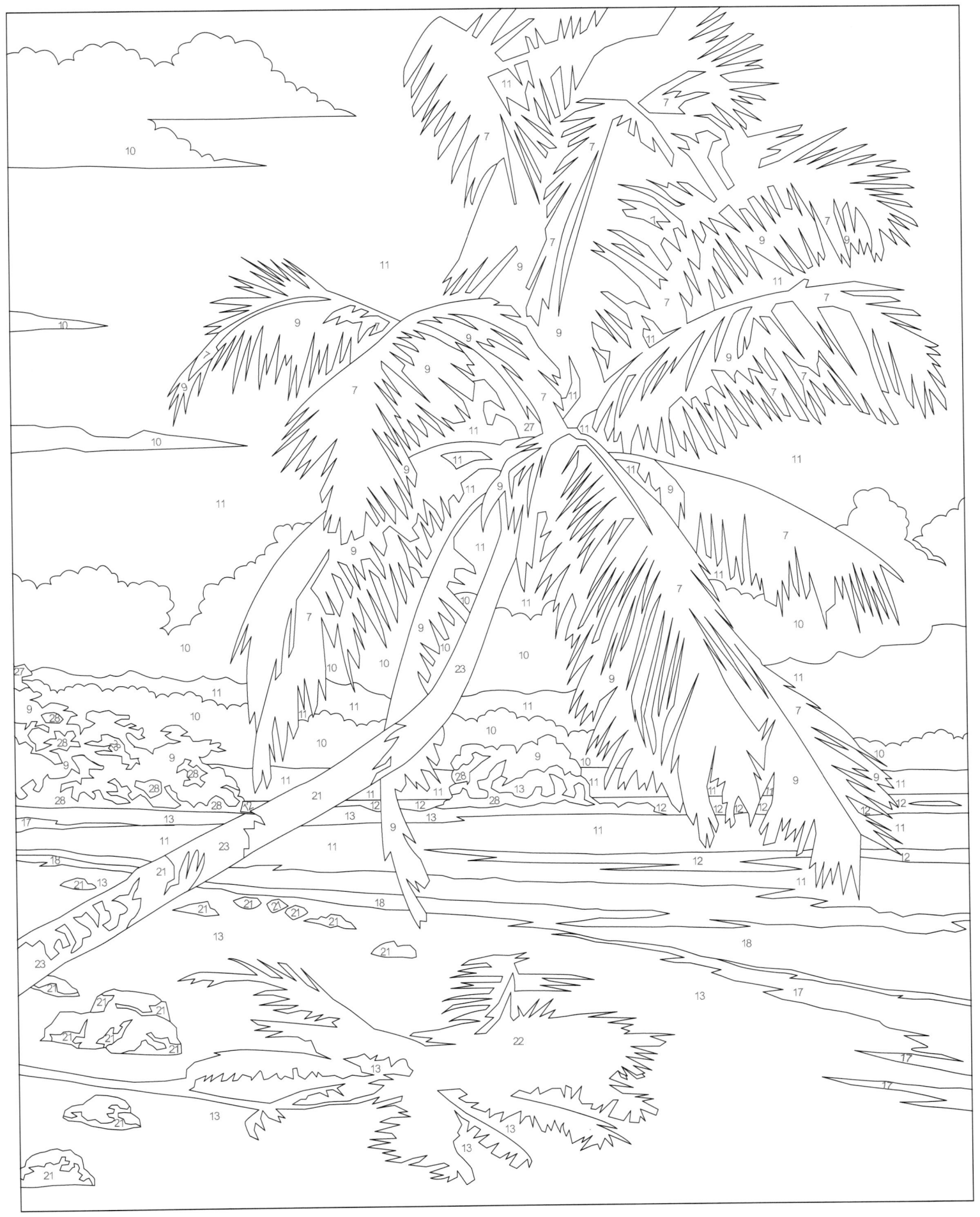

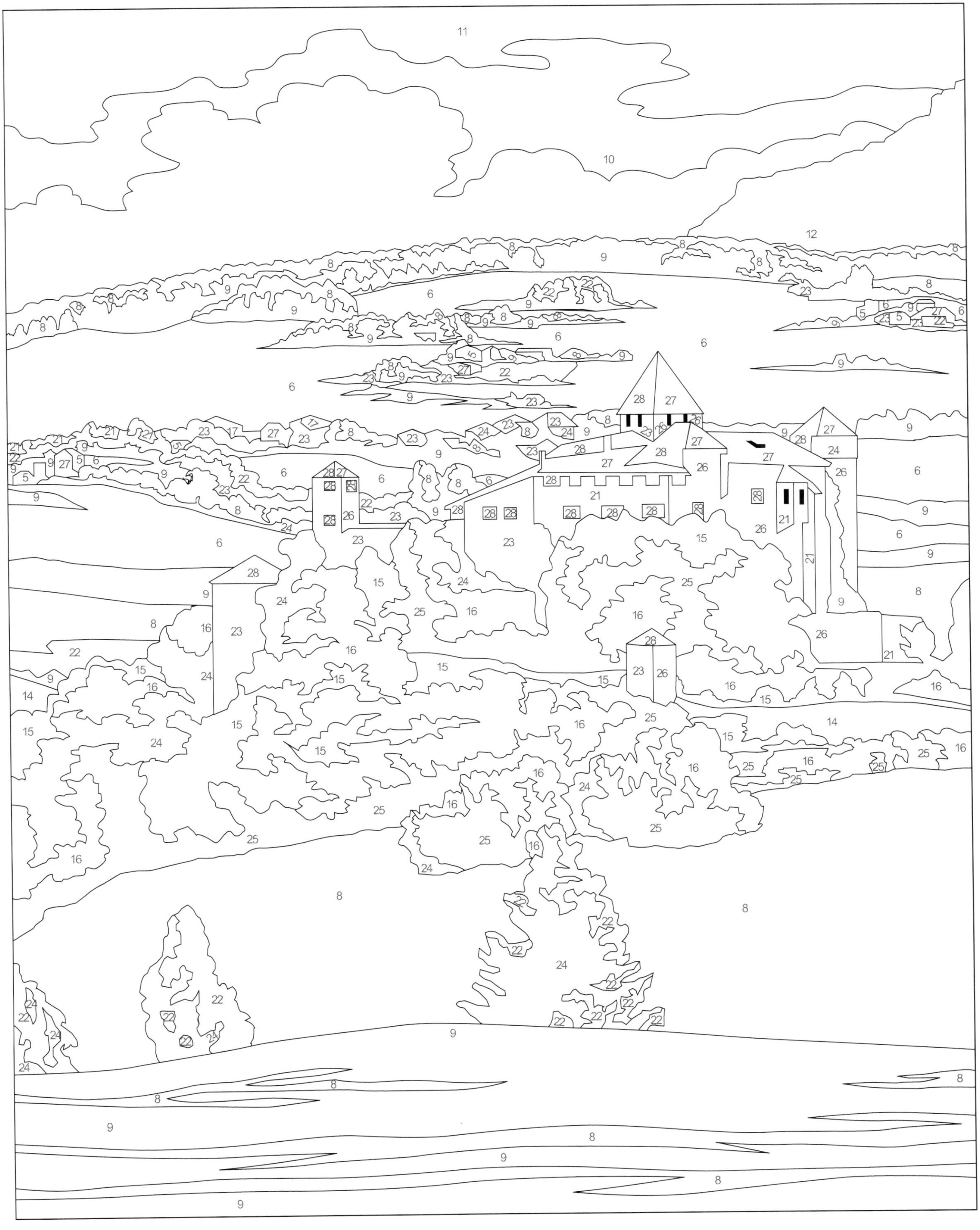

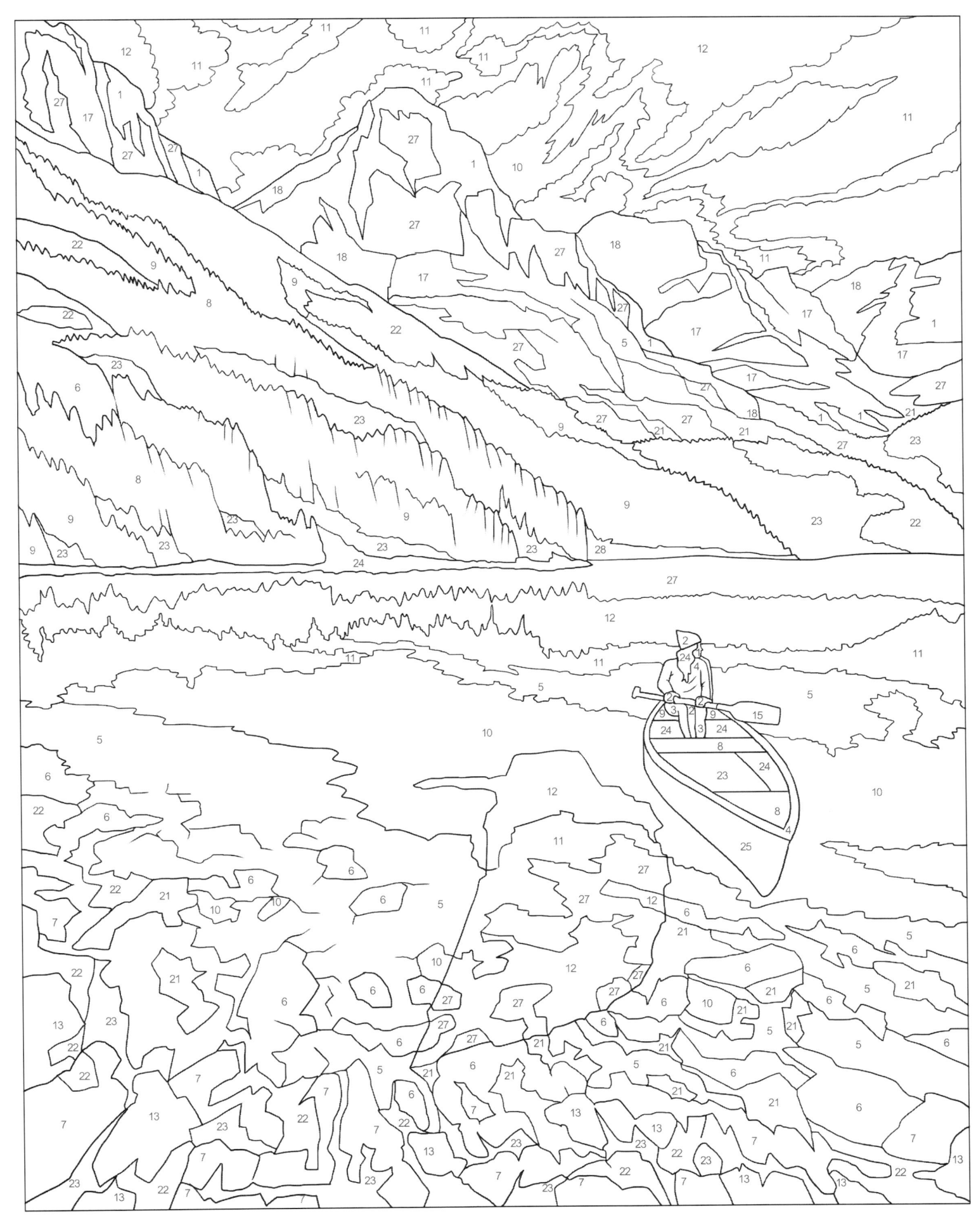

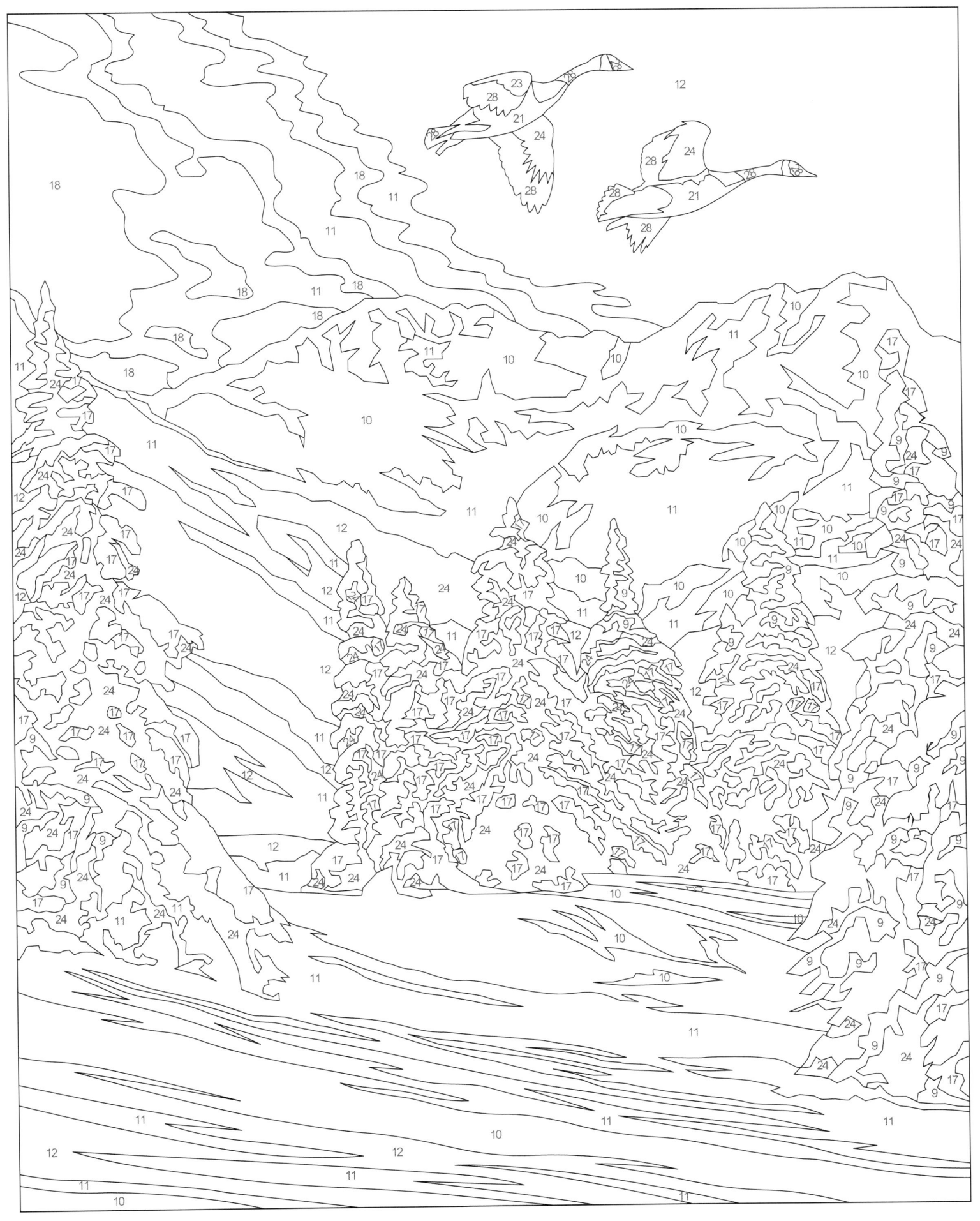

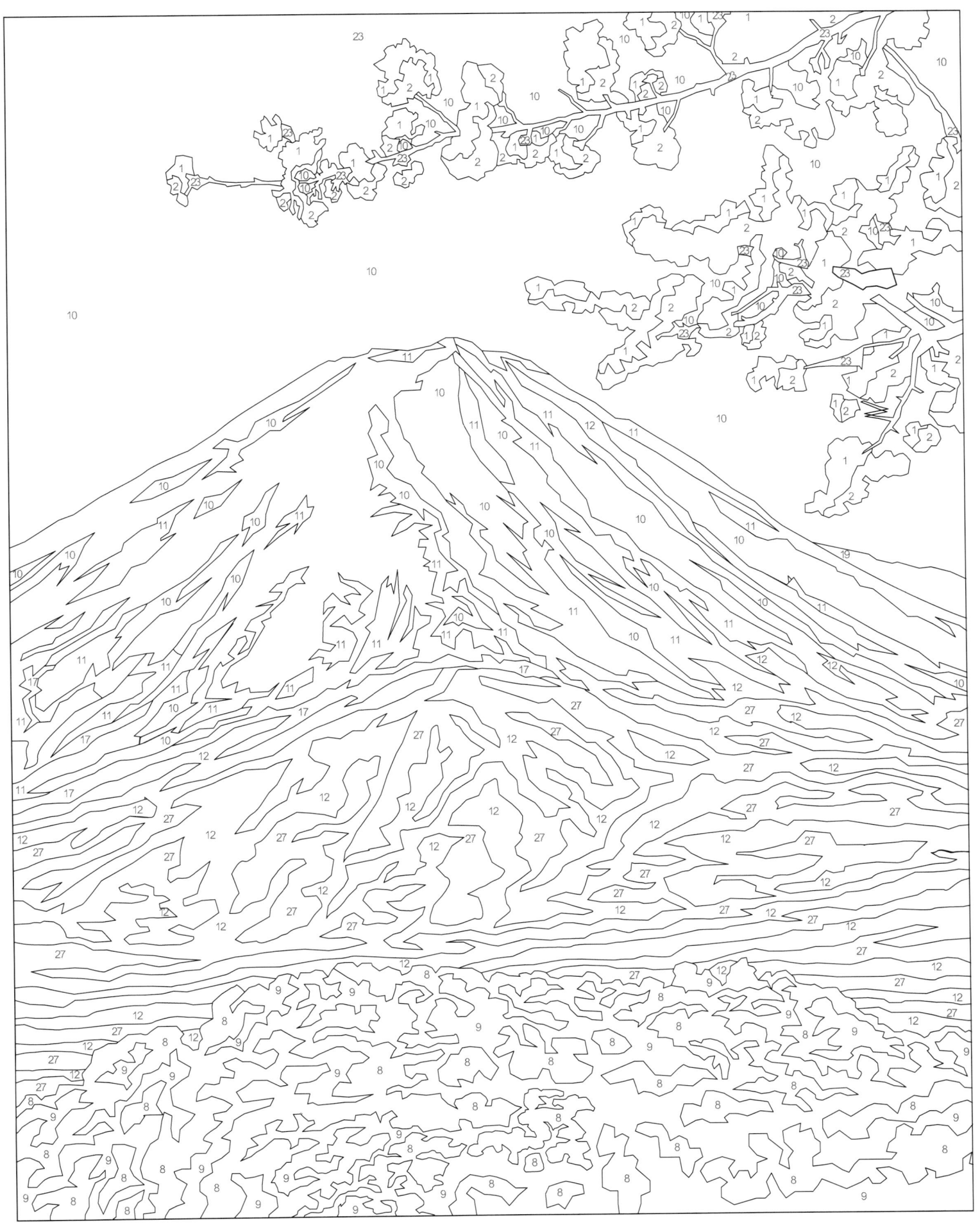

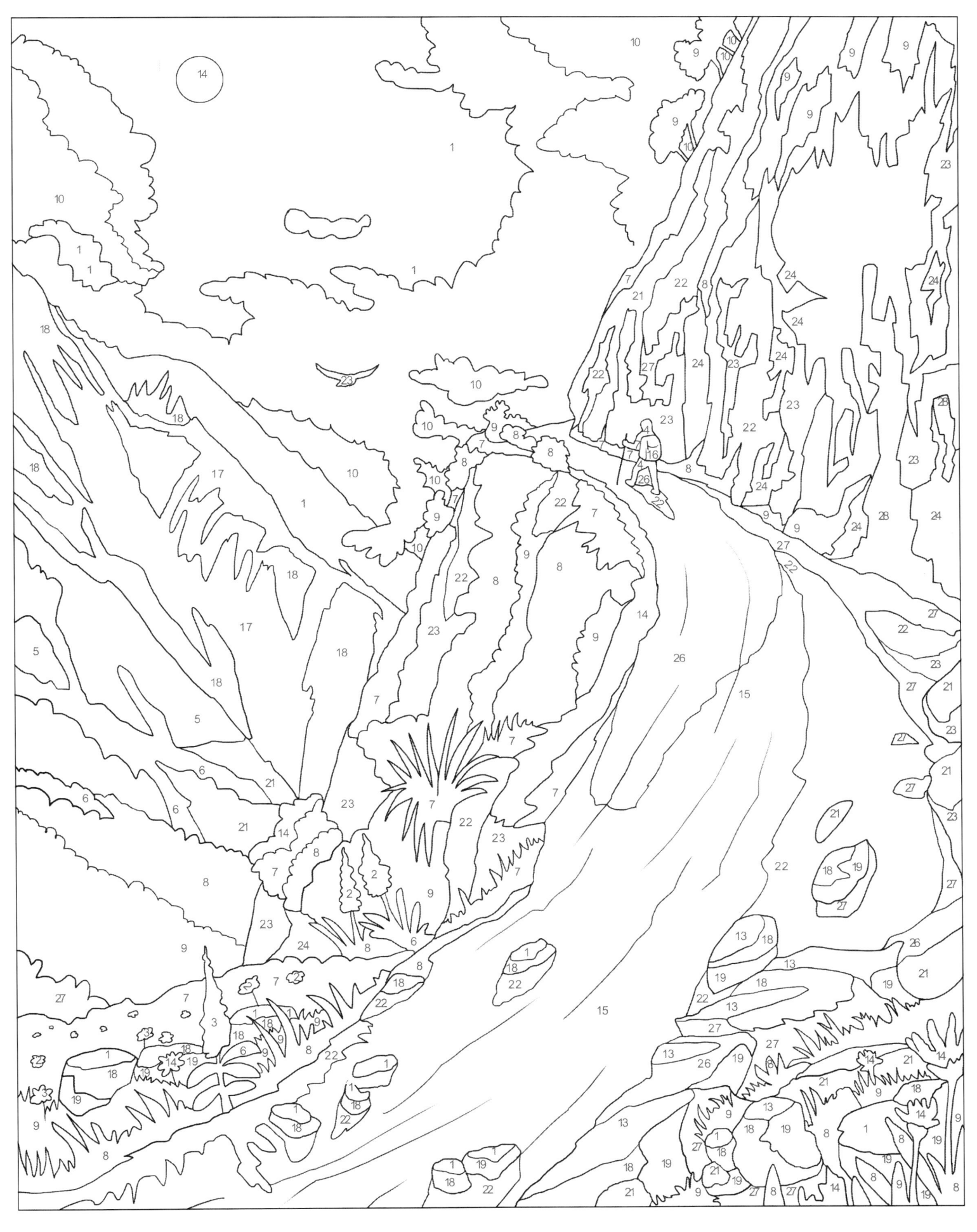

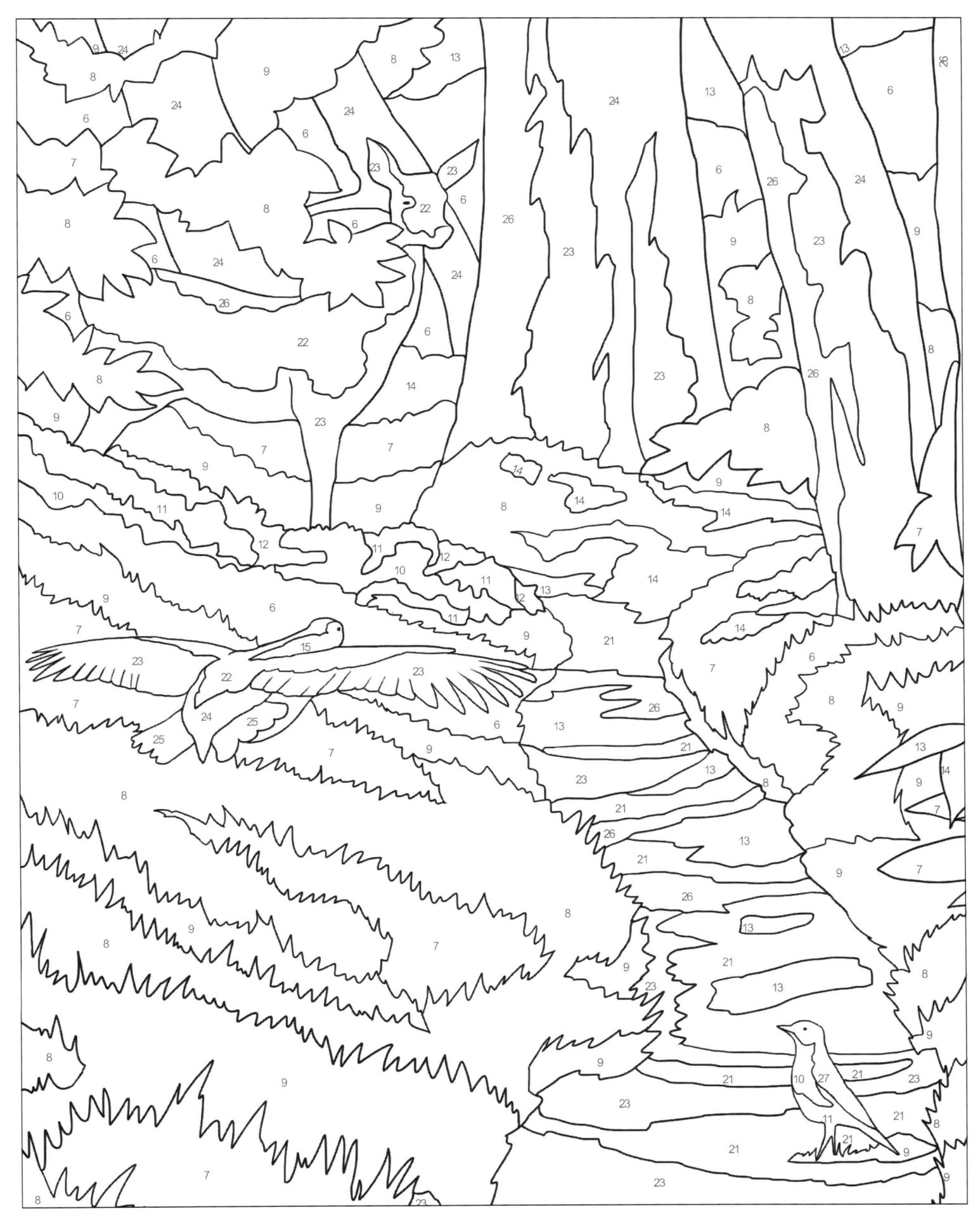

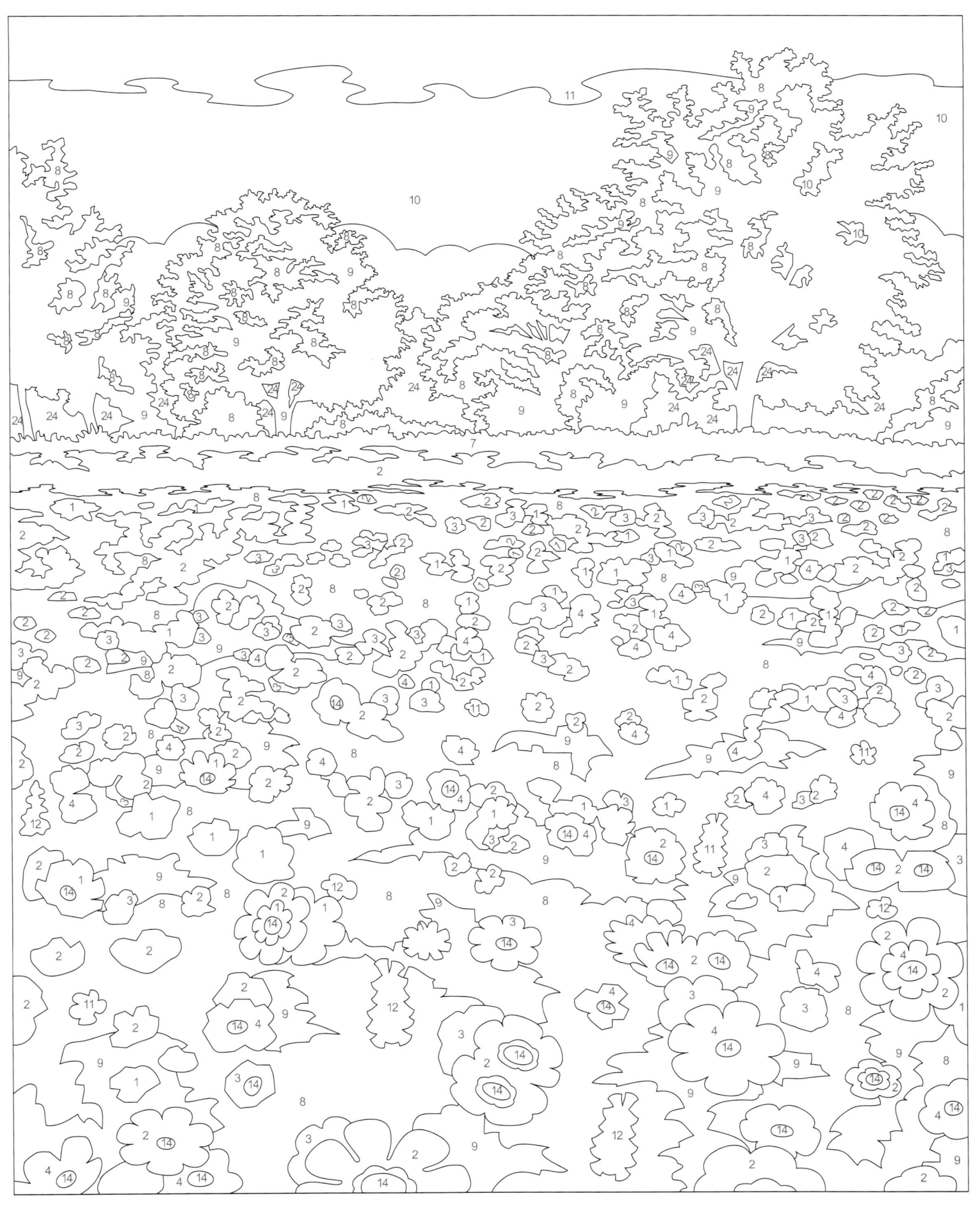

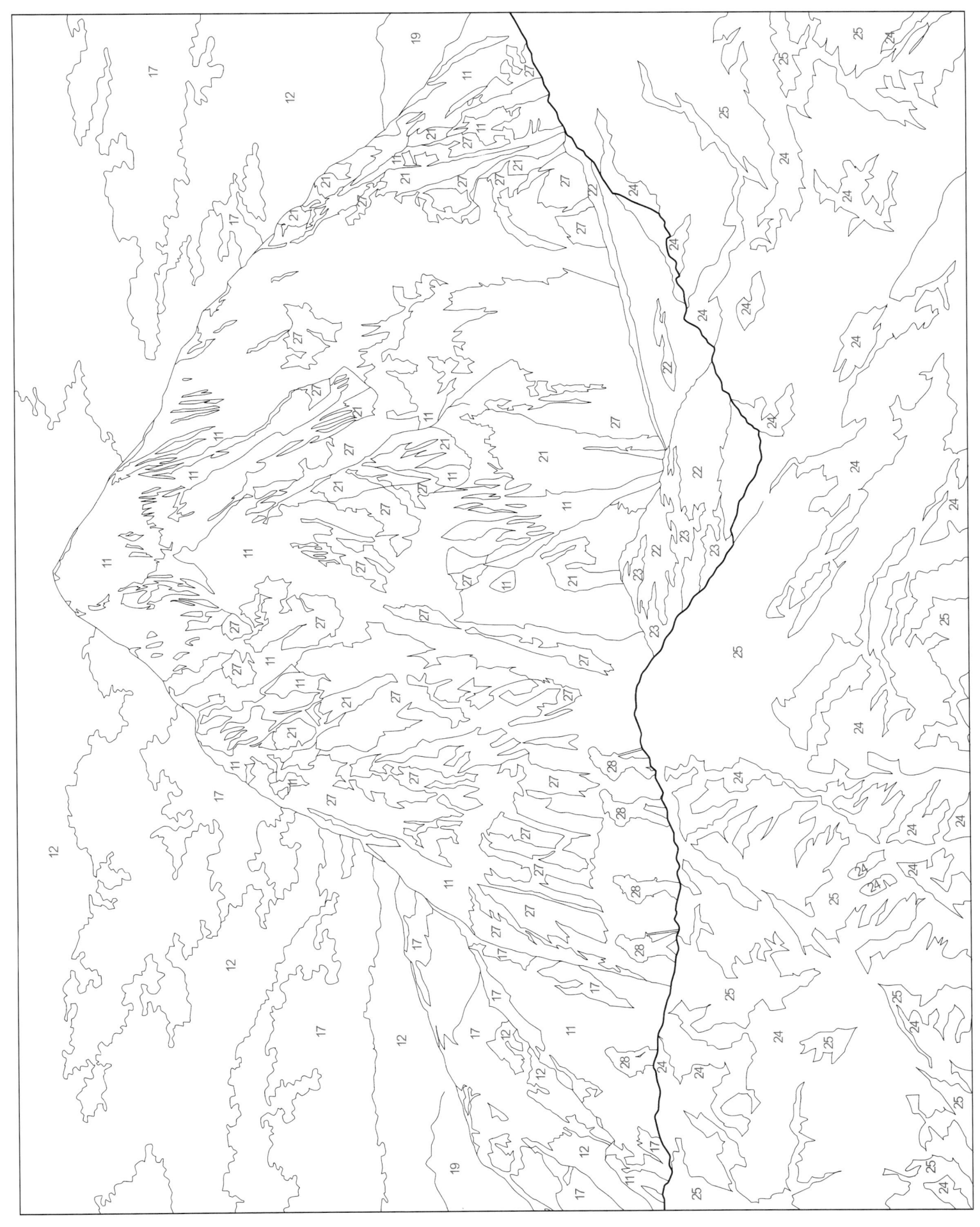

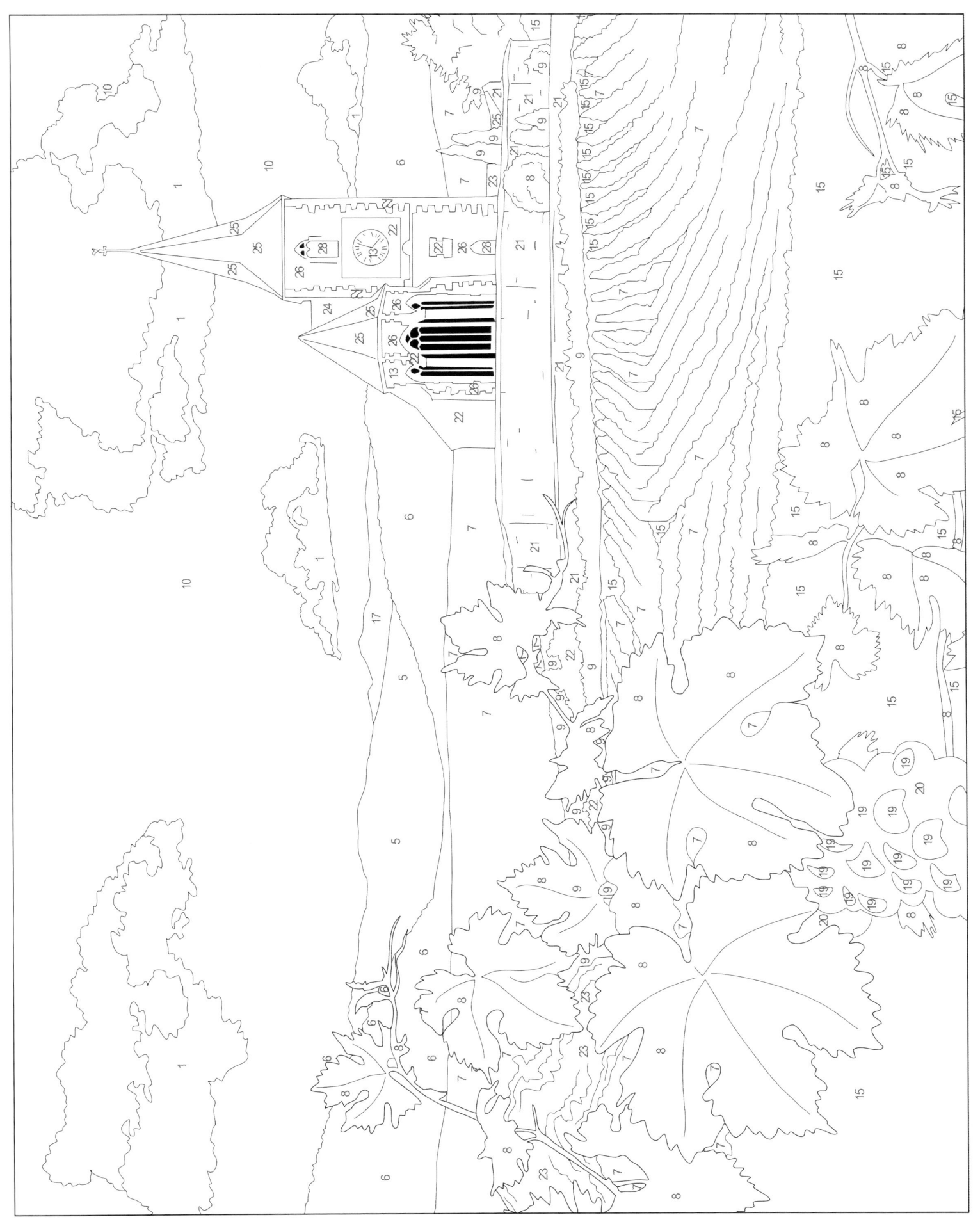

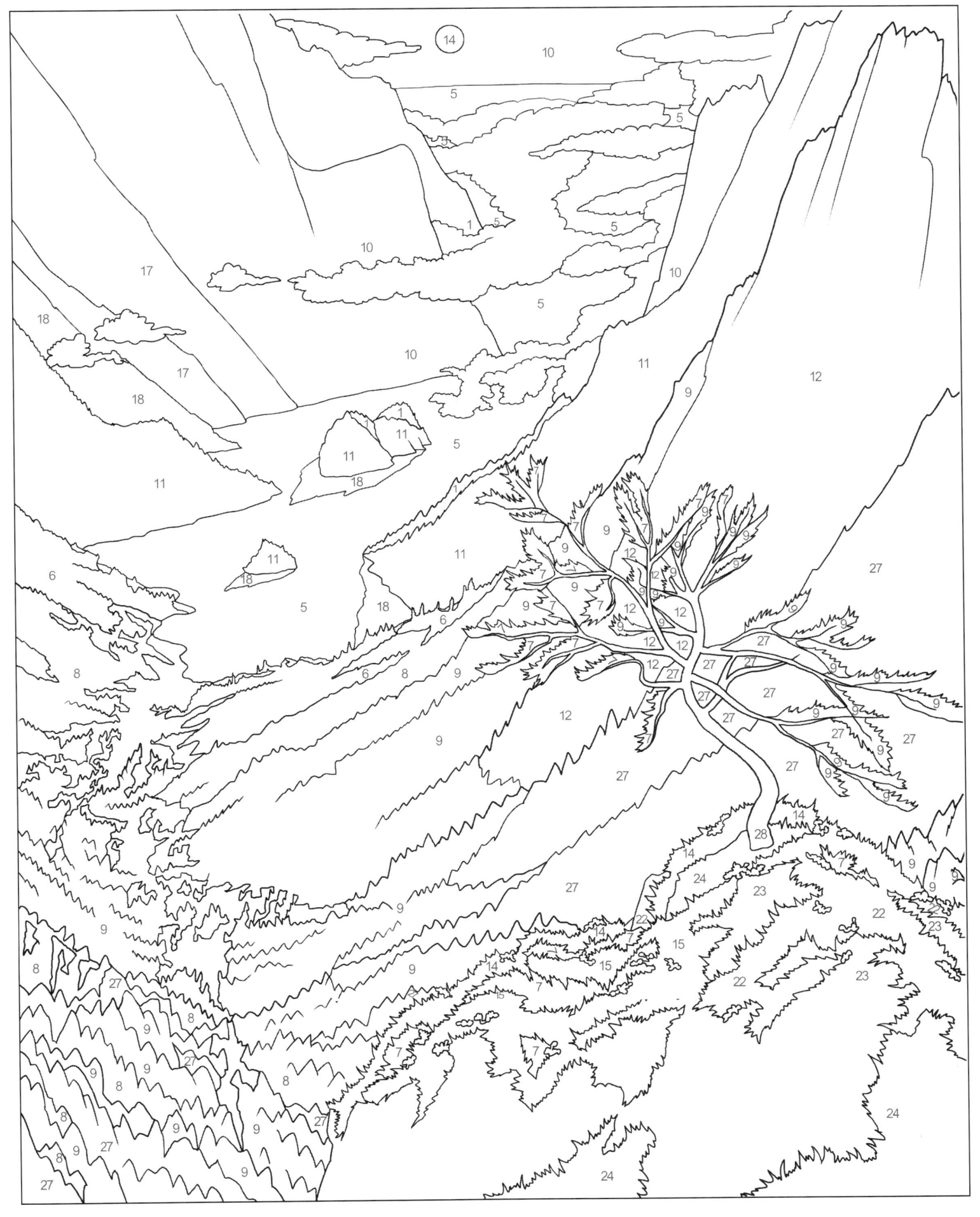